A CANÇÃO DO SIGNIFICADO

SETH GODIN

AUTOR BEST-SELLER DE *TRIBOS* E *HOJE, SER PEQUENO É SER GRANDE*

UM NOVO MANIFESTO PARA EQUIPES

A CANÇÃO DO SIGNIFICADO

ALTA BOOKS
GRUPO EDITORIAL
Rio de Janeiro, 2024

A Canção do Significado

ISBN: 978-85-508-2214-3

Impresso no Brasil — 1ª Edição, 2024 — Edição revisada conforme o Acordo Ortográfico da Língua Portuguesa de 2009.

Dados Internacionais de Catalogação na Publicação (CIP) de acordo com ISBD

G585c Godin, Seth

A Canção do Significado: um novo manifesto para equipes / Seth Godin ; traduzido por Helena Coutinho. - Rio de Janeiro : Alta Books, 2024.
192 p. : il. ; 15,7 cm x 23cm.

Tradução de: The Song of Significance: A new manifesto for teams
Inclui índice
ISBN: 978-85-508-2214-3

1. Administração. 2. Gestão. 3. Equipes. I. Coutinho, Helena. II. Título.

2023-3619 CDD 658.401
CDU 658.011.2

Elaborado por Vagner Rodolfo da Silva - CRB-8/9410

Índice para catálogo sistemático:
1. Administração : Gestão 658.401
2. Administração : Gestão 658.011.2

Produção Editorial: Grupo Editorial Alta Books
Diretor Editorial: Anderson Vieira
Editor da Obra: Gorki Starlin
Vendas Governamentais: Cristiane Mutüs
Gerência Comercial: Claudio Lima
Gerência Marketing: Andréa Guatiello

Assistente Editorial: Andreza Moraes
Tradução: Helena Coutinho
Copidesque: Andresa Vidal
Revisão: Rafael Fontes; Kamila Wozniak
Diagramação: Rita Motta

ALTA BOOKS
GRUPO EDITORIAL

Rua Viúva Cláudio, 291 — Bairro Industrial do Jacaré
CEP: 20.970-031 — Rio de Janeiro (RJ)
Tels.: (21) 3278-8069 / 3278-8419
www.altabooks.com.br — altabooks@altabooks.com.br
Ouvidoria: ouvidoria@altabooks.com.br

Editora **afiliada à:**

ASSOCIADO

Quando você dança à beira do infinito,
sempre há o suficiente...
porque você não está tirando a oportunidade
de ninguém, está criando-a.

A Canção do Significado

1. Você Não Precisa que Eu Te Diga Isso

Se você tem prestado atenção, já sabe: o trabalho não está indo bem.

Se você é um chefe, provavelmente está frustrado, confuso e sob muita pressão. Você vê oportunidades perdidas e promessas quebradas.

E se você trabalha para um chefe, meu palpite é que está sentindo a mesma coisa.

O problema está em nós.

Isso se deve às decisões que tomamos de forma inconsciente anos atrás, à doutrinação que impomos uns aos outros e ao nosso terrível reflexo de insistir quando as coisas ficam difíceis. Estamos cada vez melhores em piorar as coisas.

Este é um breve livro sobre uma bifurcação na estrada, sobre uma decisão que todos nós tomamos. Cada um de nós pode se manifestar à própria maneira, mas a escolha é a mesma: liderar, criar um trabalho que faça a diferença e encontrar a magia que acontece quando temos a sorte de cocriar com pessoas que se importam.

Podemos agir bem e agir melhor ao mesmo tempo. Na verdade, é o único caminho viável para seguir em frente. Podemos criar o melhor emprego que alguém já teve, a melhor experiência que qualquer cliente possa imaginar — e construir organizações que sejam regenerativas, resilientes e poderosas.

Vivemos tão imersos em nossa rotina que é fácil imaginar que estamos presos a ela, mas melhorar está ao nosso alcance.

2. Podemos Fazer um Trabalho Melhor

Estamos decepcionando nossos funcionários e chefes. Eles também estão nos decepcionando.

Eles precisam mais de nós, e nós precisamos mais deste trabalho. Ao sair para o trabalho, levamos nossos sonhos, energia e vontade, mas estamos cada dia um pouco mais esgotados. Trazemos confiança e entusiasmo, mas parece um desperdício.

Nossa equipe pode fazer melhor. Nosso esforço pode ser importante. Se quisermos trabalhar melhor, precisaremos entender o que é possível. Vamos ser realistas. **Podemos escolher liderar.**

3. O Melhor Emprego que Você Já Teve

Como seria se você pudesse descrever, honestamente, o seu trabalho dessa maneira? E se todos os seus colegas sentissem o mesmo? Imagine ser um investidor, um cliente, um colaborador de uma organização desse tipo.

Pedi a 10 mil pessoas em 90 países que descrevessem as condições do melhor emprego que já tiveram. Aqui estão as características que escolheram com mais frequência:

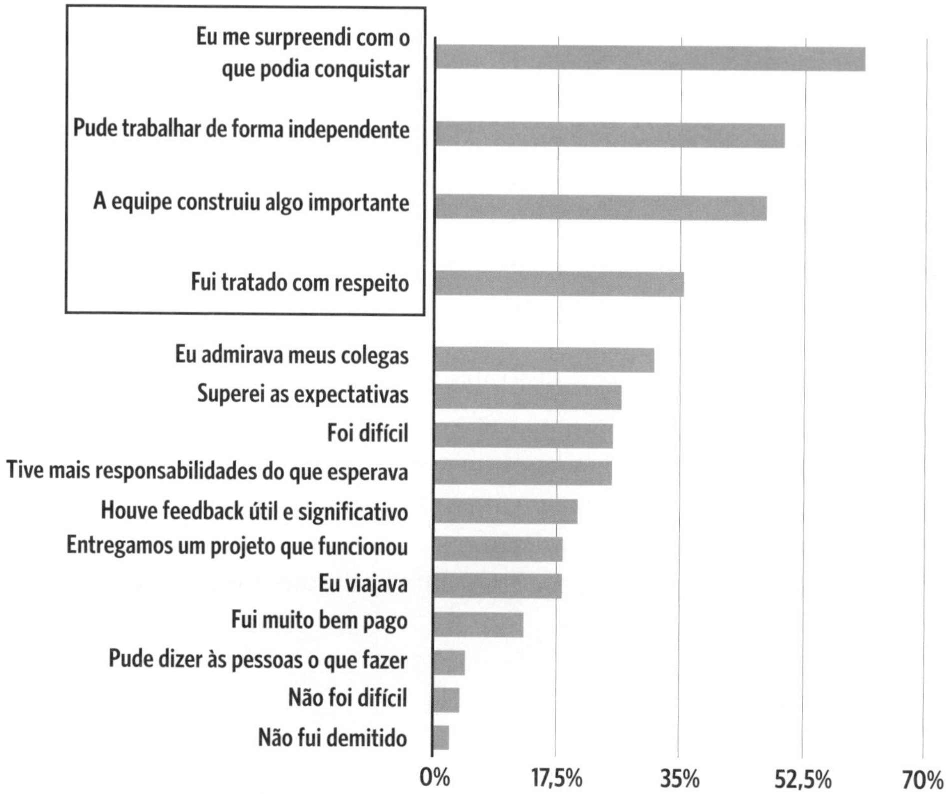

Os quatro primeiros itens (os participantes podiam escolher mais de uma resposta) ficaram na frente:

- Eu me surpreendi com o que podia conquistar
- Pude trabalhar de forma independente
- A equipe construiu algo importante
- Fui tratado com respeito

Nada mais se compara.
Sim, precisamos ganhar a vida.
Mas como construímos uma vida?
Talvez não se trate apenas do dinheiro.

Quando o mundo está agitado, quando a nossa saúde está em risco e o futuro parece incerto, talvez os salários e a produtividade simplesmente não sejam suficientes.

Talvez não possamos manejar nosso caminho para o futuro.

Mas e se criássemos o melhor emprego que alguém já teve?

E se construíssemos uma organização de que todos sentiriam falta caso desaparecesse?

Quão melhor seria o nosso trabalho se pudéssemos falar sobre ele sem hesitar?

E se o nosso trabalho tornasse o mundo melhor?

Mozart, não Muzak.

Três Canções

Se você não está se afogando,
você é um salva-vidas.

4. A Canção do Crescimento

No final de um longo inverno, se o clima cooperar e as flores estiverem desabrochando, uma colmeia de abelhas estará em plena atividade.

Trabalhando em sincronia, cada abelha disponível se dedicará a coletar o máximo de pólen possível, gerando um aumento no suprimento de mel da colmeia.

Então, o conselho da rainha construirá uma célula especial para os ovos. As abelhas-operárias instruirão sua rainha a botar um ovo fertilizado ali e o alimentarão generosamente com geleia real, permitindo que se desenvolva em outra rainha.

Agora o palco está montado para a canção do crescimento. A autora e apicultora Jacqueline Freeman escreve sobre esse momento mágico, uma transição frequentemente negligenciada na vida da colmeia.

Um dia, quando a nova rainha estiver prestes a nascer, a rainha existente e até metade das abelhas da colmeia — suas operárias mais antigas e experientes — vão enxamear e partir. Em apenas alguns minutos, dezenas de milhares de abelhas, coordenadas sem um coordenador, voarão para longe.

Elas abandonarão sua casa, cheia de comida, para uma tripulação menor e mais jovem e uma nova rainha.

O som que um enxame faz é emocionante. Todo o enxame está buscando possibilidades e crescimento, sem saber exatamente para onde estão indo. Elas encontrarão um galho de árvore a algumas centenas de metros de distância e se reunirão em uma bola compacta para preservar o calor. De lá, logo enviarão grupos de reconhecimento, cobrindo até 78km^2, para encontrar um novo local onde possam construir uma colmeia. O enxame tem apenas alguns dias para localizar, entrar em acordo e habitar uma nova casa — ou todas morrerão.

Que salto ousado em direção às possibilidades. Essas abelhas abraçam o desafio de ir de um lugar para outro sem um mapa, e fazê-lo com cooperação, dignidade e conexão.

Sem a canção do crescimento, a colmeia sufoca e desaparece. E, neste momento, muitos de nós estamos vivendo uma experiência semelhante.

5. A Canção da Segurança

Pessoas não são abelhas, mas temos muitas coisas em comum.

Quando enfrentamos uma ameaça existencial, é difícil seguir em frente, é complicado criar e é desafiador ser generoso.

Como os seres humanos, as abelhas precisam manter a temperatura da colmeia próxima a 36,7°C. Se a temperatura ambiente esfria, elas se agrupam, vibrando para aumentar o calor. Quando fica muito quente, elas se espalham, permitindo que o ar flua. Mas fora da segurança de seu enxame, as abelhas expostas a temperaturas extremas entram em estado de fadiga, tornando-se estáticas e sem reação.

Em nossa cultura, vimos as mesmas coisas acontecerem. A recessão global e a pandemia diminuíram a inovação e a conexão. As pessoas buscaram refúgio em suas casas e tiveram pouca energia para investir em um avanço positivo.

No trabalho, esse mesmo instinto prevalece. Quando as pessoas se sentem desrespeitadas, invisíveis ou inseguras, podem se desligar, trabalhando sem entusiasmo e fazendo o mínimo possível, na esperança de apenas manter o emprego — pelo menos até que encontrem algo melhor.

Esgotamento, insatisfação e a banalidade das muitas reuniões conspiram para sufocar a produtividade e tornar o trabalho menos atrativo. Somos incentivados a buscar segurança, não crescimento.

Até que nossas necessidades existenciais sejam atendidas, é difícil produzir o trabalho emocional necessário para o progresso e a possibilidade.

6. A Canção do Significado

Como podemos superar nosso desejo paralisante por segurança?

Nós nos doutrinamos a abraçar a lealdade industrial, onde nosso trabalho principal é fazer o que nos mandam. Construímos imensos sistemas projetados para produzir bens e serviços inimagináveis, ao mesmo tempo em que comercializamos insuficiência e inveja o bastante para vendê-los.

Prometemos uns aos outros que, se desistirmos de nossos sonhos e de nossas almas, poderemos comprar coisas que nos trarão status e satisfação. Ou, pelo menos, nos permitirão esquecer o que abandonamos.

Embora essa promessa possa ter funcionado bem meio século atrás, atualmente soa como uma promessa vazia.

Existe uma alternativa. É um tipo diferente de crescimento, um tipo melhor de segurança.

É um trabalho que importa.

É fazer a diferença, fazer parte de algo e fazer um trabalho do qual nos orgulhamos.

Esta é a canção do significado.

Isso é o que motiva as pessoas a fazer o trabalho que não pode ser automatizado, mecanizado ou terceirizado.

E esta é a canção que os seres humanos anseiam cantar juntos.

Rumo ao Significado

Trabalho que importa criado por pessoas que se importam.

7. O Que as Pessoas Querem?

Uma vez que as necessidades básicas são atendidas, os trabalhadores têm uma ideia clara do que desejam no trabalho. Não se trata de mais opções de ações ou de um escritório luxuoso. É algo muito mais fundamental: autonomia e dignidade.

A autonomia nos dá controle sobre nosso tempo e nos incentiva a escolher como contribuir. Por exigir responsabilidade e alguma autoridade, a autonomia é contrária ao trabalho industrial controlado.

A dignidade flui da autonomia, permitindo que sejamos tratados como seres humanos, e não como engrenagens. Que sejamos respeitados pelo nosso trabalho e tratados com o máximo de gentileza que a situação permitir.

O regime industrial, amplificado por ideias difundidas de luta e conflito de classes, privou a maioria de nós da autonomia e da dignidade.

8. Do Que as Empresas Precisam?

John Henry trabalhava em ferrovias, perfurando rochas para que fossem detonadas e assim abrir caminhos para trens.

De acordo com Neal Miller: "Quando o agente da empresa de perfuração a vapor trouxe a perfuratriz, John Henry quis enfrentá-lo. Ele tinha orgulho de seu trabalho e odiava vê-lo substituído por uma máquina."

Henry venceu aquela batalha, pelo menos na música, mas acredita-se que ele morreu de exaustão. Sua vitória pírrica refletiu uma nova realidade: o trabalho manual não era mais capaz de competir com as máquinas.

Com o avanço das máquinas, os trabalhadores deslocados foram incentivados a aumentar a escolaridade e a transitar para empregos em que as máquinas ainda não haviam assumido.

Desde 2023, esses trabalhos feitos por máquinas incluem robôs trabalhando em hotéis, algoritmos fazendo negociações de ações e sistemas de aprendizado de máquina esboçando ilustrações e lendo raios-X.

As necessidades das empresas mudaram repentinamente. Em vez de mão de obra barata para tarefas semiautomatizadas que as máquinas (ainda) não podem realizar, as organizações agora buscam dois recursos aparentemente escassos: *criatividade* e *humanidade*.

Ambas as habilidades envolvem lidar com outros seres humanos, criar estratégias e encontrar insights em um mundo em rápida evolução.

9. Quando Você Vê uma Bifurcação na Estrada

Talvez deva escolher um dos caminhos.

As opções nunca foram tão claras como agora:

O capitalismo industrial (industrialismo) busca o poder para obter lucro.

O capitalismo de mercado busca resolver problemas para obter lucro.

O capitalismo industrial foi erguido com base na extraordinária produtividade da era das máquinas. O objetivo era alimentar a máquina, transformar tudo — incluindo funcionários e clientes — em máquinas e expandir o empreendimento. Com o tempo, esse sistema evoluiu para incorporar efeitos de rede e monopólios naturais (ou não naturais), garantindo cada vez mais poder. E, munido desse poder, o capitalismo usou o governo para gerar ainda mais poder.

Essa mentalidade brutal é evidente na forma como os empregadores tratam seus funcionários, no uso imoral da vigilância pelas *Big Techs* e nas condições de trabalho deploráveis enfrentadas por trabalhadores em fábricas no mundo todo. O lucro cria poder, e o poder é o objetivo.

Frequentemente, os resultados negativos desse poder são revelados lentamente, de forma incremental, e com antecedência suficiente para que possamos agir. No entanto, muitas vezes nos acomodamos ou transigimos, rebaixando nossos padrões e aceitando a corrosão de nossa humanidade e a perda de alegria que acompanha esse processo. Quando ocorre novamente, os custos irrecuperáveis mudam nossa perspectiva e, como já nos acomodamos antes, somos tentados a nos acomodar de novo. Assim, passamos grande parte de nossas vidas defendendo decisões passadas em vez de considerar seguir por novos caminhos.

Enquanto isso, o capitalismo de mercado continua a criar empregos e valor em todo o mundo, por meio da incessante busca por problemas e suas soluções. Ao contrário do capitalismo industrial, os capitalistas de mercado não têm poder sobre os clientes — e, em muitos casos, nem mesmo sobre os funcionários. Em vez disso, trabalham incansavelmente para trazer inovações e percepções a um mercado em constante mudança, em benefício dos clientes.

A encruzilhada é aqui e agora. Talvez seja hora de reconhecer isso e escolher um dos caminhos.

Juntos, podemos construir algo melhor. Algo que valha o nosso tempo, esforço e imaginação.

10. O McDonald's é Seguro

Seja como cliente ou funcionário, a experiência no McDonald's ou em outras redes de fast-food sempre se encaixa em uma faixa específica. A comida é consistente em todos os restaurantes e os preços são acessíveis. Os funcionários são treinados em poucas horas e muitos não precisam assumir muita responsabilidade individual.

Mas, acima de tudo, é conveniente. Essa é a essência do industrialismo produtivo focado no consumidor, cujo objetivo é criar conveniência.

No entanto, é preciso ser justo e reconhecer que o capitalismo industrial funciona. Ele gera alavancagem e produtividade, entregando os resultados esperados e reduzindo preços, o que amplia o acesso aos bens e serviços.

O mundo moderno não existiria sem o progresso que a indústria permitiu e, para muitos, a segurança oferecida por esses empregos é uma tábua de salvação e uma forma útil de ganhar a vida.

Há também uma certa beleza na brutalidade do processo inexorável de mecanização. Armados com cronômetros, pesquisas e calculadoras, podemos classificar as variações de design e processo até encontrar a resposta certa. Não há espaço para dúvidas. O produto é o produto, o serviço é o serviço, e todos esses elementos aleatórios e emocionais da humanidade não fazem parte da equação.

Mas o capitalismo industrial avançado é diferente. Não tem limites. Ele não apenas atrai aqueles que buscam segurança, mas também acorrenta aqueles que buscam significado.

11. O Desafio de Querer as Duas Coisas

Durante muito tempo, houve espaço para ambas: a segurança e certeza dos processos industriais, combinados com a humanidade e possibilidade de mudança, crescimento e autonomia pessoal.

É tentador querer o melhor dos dois mundos. Todas as vantagens comerciais corporativas junto com o melhor emprego que você já teve.

Mas o relógio está contra todos nós.

Se vamos competir com aqueles que buscam a perfeição do capitalismo industrial, devemos estar cientes de que eles medirão, padronizarão e administrarão melhor do que nós. É uma corrida para o fundo.

O trabalho significativo abrange exatamente o que o industrialismo procura erradicar.

O significado é inconveniente.

Construímos ferramentas poderosas. Ferramentas para comunicação, produção e amplificação. Ferramentas que permitem que os humanos utilizem seus insights e cuidados para produzir valor para os outros. E agora essas ferramentas estão disponíveis para serem usadas para melhorar as coisas. Se assim escolhermos.

Mas usar bem essas ferramentas exige nosso comprometimento, tanto de empregadores quanto de funcionários e consumidores. Estamos nos inscrevendo para um novo tipo de engajamento e um conjunto diferente de regras.

12. Aprendendo Pelas Margens

Nos extremos, podemos ver as escolhas diante de nós.

É possível construir uma organização em que cada trabalhador é monitorado o tempo todo, em que cada trabalho é fatiado ao máximo e terceirizado para a pessoa mais barata possível. Essa organização pode ser centralmente controlada, gerenciada por algoritmos e implacável em suas escolhas. O CEO pode receber um salário por hora dez mil vezes maior do que o empregado médio.

Mas também é possível construir uma organização em que cada funcionário é um colaborador valioso, em que os horários e locais de trabalho são flexíveis e as decisões são tomadas perto do cliente e circulam pela organização. Uma organização como essa pode pagar muito bem às pessoas ou pode ser totalmente voluntária, em que o trabalho em si é a recompensa.

A maioria das organizações se encontra em algum lugar entre esses extremos, mas a tecnologia e a concorrência estão pressionando as organizações gerenciadas a se moverem rapidamente em direção ao primeiro tipo, enquanto a comunidade, a mudança e as oportunidades estão levando as organizações lideradas a se tornarem mais semelhantes ao segundo.

Precisamos decidir qual é o propósito do trabalho. Se queremos passar nossos dias criando escassez e causando danos ou se queremos nos comprometer com o trabalho regenerativo de construir o melhor emprego que qualquer trabalhador já teve e a melhor organização que qualquer cliente já encontrou.

Mas como fazer isso? Como ensinar e não doutrinar, como mudar os sistemas que levamos gerações para construir? A resposta começa com uma escolha.

13. Faça Bem-feito ou Não Faça

O inovador livro de vendas *Faça Bem-feito ou Não Faça*, de Mahan Khalsa e Randy Illig, tem uma mensagem para todos os gerentes: não devemos controlar nossos funcionários. Porém, se formos bons, podemos fazer isso com eles.

Existe uma infinidade de literatura, sistemas e organizações dedicados à gestão *de pessoas*. Está presente em tudo o que consideramos normal no mundo em que vivemos. Temos um vocabulário e uma pilha de sistemas totalmente separados para as coisas que fazemos *com* e *para* outras pessoas. Chamamos isso de *coaching*, *mentoring* ou *sparring*.

Em *Isso é Marketing* (Alta Books), escrevi sobre o poder que surge quando fazemos marketing para as pessoas, ajudando-as a resolver seus problemas em vez de nos concentrarmos apenas nos nossos. O mesmo vale para a liderança organizacional.

Ninguém vai para a academia para levar um soco de um campeão de boxe. Mas muitas pessoas pagam ansiosamente por *sparring* quando querem melhorar.

A diferença é óbvia, mas muitas vezes não é dita em voz alta.

Sem anotações, sem marcas de seleção, sem crachás. Eu não estou no comando da sua vida e não estou te manipulando. Apenas estabeleço as condições para que você alcance o que deseja.

Você me diz para onde quer ir e do que precisa. Você faz promessas sobre seu compromisso e desenvolvimento de habilidades.

Eu apareço para orientá-lo, questioná-lo, respondê-lo, treiná-lo e desafiá-lo. Trabalho incansavelmente para garantir que você faça parte de uma equipe de pessoas que se importam tanto quanto você.

Podemos fazer bem-feito.

Ou não vamos fazer.

14. Tipos de Trabalho

Existem três tipos de trabalho: o criativo, realizado por um indivíduo engajado em uma prática produtiva; o trabalho em comunidade e afiliação em uma organização; e o trabalho industrial, de fazer o que lhe é dito sob vigilância. Entre eles, pode haver um trabalho fundamental, no qual alguém se dedica a algo por estar comprometido com a jornada e busca fazer uma mudança no mundo. Grandes empresas e práticas individuais envolvem todos os três tipos de trabalho, às vezes dentro de um único projeto ou turno.

O trabalho industrial é frequentemente a primeira coisa que vem à mente quando pensamos em trabalho. Gerentes, linhas de montagem, testes, inspeções, aumentos, bônus, demissões, e todo o processo que envolve a produção de um produto. É uma invenção recente, talvez com duzentos anos. Mas não é o único tipo de trabalho, e é fácil se concentrar apenas nele.

Em alguns ambientes, tudo é inspecionado e medido, eliminando qualquer necessidade de confiar nos funcionários — tudo para ganhar a confiança dos clientes, especialmente os de alto risco.

Mas o fim da era industrial e o surgimento dos computadores estão mudando a equação. As ferramentas podem criar eficiência, mas o valor só pode vir da mudança, da humanidade e da rara conexão que vem com o significado.

É o trabalho emocional de aparecer porque nos importamos.

15. Que Tipo de Trabalho Valorizamos de Verdade?

O trabalho industrial é o motor por trás de nossas instituições educacionais, práticas de contratação e filosofias de gestão, mas esse tipo de trabalho não é o que sonhamos ou nos preocupa. Há gerações, treinamos crianças para passarem em provas, obedecerem e consumirem, mas para quê?

Se olharmos para a avaliação ou lucratividade do mercado de ações, veremos que o crescimento e o lucro de longo prazo não mais vêm do industrialismo implacável. As organizações que alcançam classificações extraordinárias de atendimento ao cliente também encontram uma maneira de abraçar a humanidade.

Durante um século, o trabalho industrial consistente foi um caminho direto para criar valor. A produtividade era medida pelo quanto fazíamos melhor hoje do que ontem, sempre mais rápido e mais barato.

Computadores e terceirização mudaram essa métrica.

Agora, o trabalho industrial muitas vezes se torna uma corrida para o fundo, com a primeira ação de empresas em escala sendo terceirizar suas atividades industriais (incluindo fabricação de linha de montagem e atendimento ao cliente da linha de frente) para opções mais baratas, automatizando-as ao máximo. Se tudo for criado de acordo com as especificações, com um cronômetro, por que se preocupar em pagar mais?

A terceirização não é inerentemente mais barata ou menos humana, mas os industriais costumam aproveitar as fronteiras internacionais para torná-la assim. Dada a escolha, os trabalhadores exaustos estão evitando o trabalho industrial. Eles se recusam a gastar esforços simplesmente porque alguém decidiu que eram um recurso a ser maximizado. O trabalho industrial é o último recurso, não a primeira escolha entre as pessoas que têm a sorte de poder escolher.

O valor real não é mais criado por medidas tradicionais de produtividade. Ele vem de interações pessoais, inovação, soluções criativas, resiliência e da potência da velocidade.

Quando medimos a satisfação humana, o valor do acionista ou a resiliência, fica claro que o que construiu o século passado não é o que precisamos agora.

A oportunidade para todos nós reside no trabalho emocional investido por funcionários engajados e comprometidos que buscam fazer a diferença — essa é a vantagem competitiva que organizações extraordinárias produzem.

16. Organizações Significativas Criam Impacto

Elas ganham mais dinheiro.

Atraem melhores funcionários.

Mudam mais vidas.

Arrecadam mais doações.

Oferecem melhores ambientes de trabalho.

E a chave para criar esse impacto é liderar, não apenas fazer o seu trabalho.

O objetivo não é fazer mais. É fazer melhor.

17. Rumo ao Melhor

Não há necessidade de ser vítima de um sistema obsoleto.

Agora, você tem a oportunidade de liderar, criando as condições para mudança e engajando as pessoas em uma jornada que promove conexões, dignidade e possibilidade.

Liderança é uma habilidade e uma arte que pode ser aprendida.

Podemos liderar juntos.

Este manifesto não é um guia passo a passo ou uma simples cartilha, mas o primeiro passo é entender o que nos trouxe até aqui e tecer o caminho para onde queremos ir.

18. A Canção da Segurança (Coro)

Se as pessoas estão se afogando, ou mesmo sentindo que estão prestes a se afogar, é improvável que façam um bom trabalho em seu projeto.

A doutrinação ocorre quando sistemas poderosos e dominantes trabalham para perpetuar o status quo cultural e intelectual, ensinando coisas que não são verdadeiras ou universalmente úteis. Isso se aplica a expectativas sobre trabalho, escola ou nossos vizinhos, e não se limita apenas a crianças ou sucesso. É sobre raça, classe, orientação sexual, cargos e muitas outras normas.

Agressão ainda é agressão, mesmo que a chamemos de "pequena agressão".

Portanto, começamos com a visão. O que fomos treinados a acreditar sobre as cem mil horas que passaremos no trabalho que não são úteis? O que presumimos sobre outras pessoas e seus sonhos e medos, mas que não é verdade?

Faz tanto tempo que nem percebemos.

Tudo isso ocorre devido a gerações de injustiça social, sistemas arraigados de castas e privilégios, e doutrinação dos sistemas vigentes — tudo isso amplifica nossa necessidade de estabilidade e segurança. Para muitos de nós, o trauma e as crescentes demandas do capitalismo industrial tornam difícil sair do barco, liderar e fazer o trabalho árduo e vital de promover mudanças significativas.

É como se nossa cadeira fosse puxada debaixo de nós toda vez que nos sentamos no refeitório, e agora temos que nos sentar naquela cadeira de novo. A confiança é difícil de ganhar.

Irônica e tristemente, o gerente industrial muitas vezes se aproveita dessa desconfiança, amplificando a insegurança para criar mais conformidade. "Você pode ser demitido a qualquer momento, então se endireite."

Mas equipes que realizam um trabalho significativo podem criar uma cultura em que clareza, profissionalismo e envolvimento abrem as portas para possibilidades. O caminho para o significado é o movimento para a frente.

Significado requer confiança, e a confiança vem do cumprimento consistente de nossas promessas.

19. Onde Estão os Líderes?

Há inúmeros livros e artigos sobre como ouvir os trabalhadores, dar-lhes espaço para crescer e criar ambientes de trabalho justos e inclusivos.

Os gerentes costumam tentar essas ideias por um tempo, mas depois desistem.

Eles dizem que não funcionam.

Pedi sugestões e não recebi nenhuma.

Quando deixados por conta própria, eles se escondem ou recuam.

Por que estamos surpresos? Depois de doutrinar, pressionar e punir as pessoas por dez ou quinze anos na escola e por décadas no trabalho, por que esperamos que as pessoas confiem que não serão enganadas novamente?

Somos cúmplices de um ciclo de medo, manipulação e coerção.

Criar as condições para o significado não é fácil. Se fosse, todos nós já estaríamos fazendo isso.

20. Culpe Até o Fim

Gestão hierárquica envolve o chefe assumindo todo o projeto, dividindo-o em partes e atribuindo uma parte a cada subordinado direto.

Em seguida, esses subordinados dividem suas partes em tarefas menores e delegam a responsabilidade por toda a cadeia.

Quando as coisas dão errado, o chefe culpa o subordinado que trabalhou na parte que parece não funcionar.

E a culpa é repassada adiante.

Mas, como ninguém tem certeza de nada, visto que os problemas são complexos e os sistemas são mais importantes do que os componentes, todos que se importam ficam nervosos com suas responsabilidades isoladas.

Porque não podemos ter certeza.

Então, em vez de medir diretamente o cuidado e a dedicação dos empregados, medimos outros fatores indiretos, como horas trabalhadas, respostas a e-mails e carisma em reuniões.

E aguardamos pela culpa.

21. A Conversa Imparcial

Joe Hudson é um coach de negócios altamente respeitado no Vale do Silício, cuja abordagem de quatro etapas para engajamento e liderança envolve um estado de espírito, não uma técnica. Não há truques simples para manipular pessoas, mas sim uma postura e um sistema de crenças que podem ajudar que elas se conectem e cresçam juntas.

Ao incentivar os clientes a fazer perguntas do tipo "como" e "o quê" durante as conversas, Hudson ajuda as equipes a encontrar um caminho para seguir. Essas perguntas ajudam a descobrir o que as outras pessoas buscam e como podemos ajudá-las a alcançar seus objetivos.

Frases do tipo "como você se sente em relação a esse cliente?" ou "o que o levou a querer fazer dessa forma?" são ótimos pontos de partida. A conexão vem do entendimento mútuo que essas conversas podem revelar.

É importante que a investigação genuína siga. Isso não significa uma argumentação forense de "vamos descobrir como você pode ver isso do meu jeito", mas sim uma conversa imparcial que leva à descoberta.

As origens da palavra "imparcial" são instrutivas. Por setecentos anos, "parcial" significou "pertencente a um interesse egoísta e não a um bem comum ou maior".

É fácil entender porque um gerente *deve* ser parcial. O papel dele é dizer às pessoas o que fazer, não perguntar como e o quê. O gerente é pago para ser parcial, para estar focado nos objetivos e procedimentos que lhe foram dados pelo chefe.

Mas se estamos buscando um estado liminar ou de transição, então estamos em um modo de descoberta, e não dirigindo um trem sobre trilhos. Processo, não diretivas.

Embora seja tentador buscar respostas, fazendo perguntas apenas para chegar a um produto final, essa abordagem costuma falhar porque nos entregamos, e a pessoa com quem estamos tentando nos conectar percebe nosso objetivo e se fecha, especialmente se esse objetivo ameaçar a segurança dela.

A alternativa é trazer admiração genuína para a conversa, estar com a pessoa em sua história e narrativa. A maravilha é uma versão aberta da curiosidade, sem buscar uma explicação para resolver o problema.

O processo e os princípios não exigem um plano específico.

Não podemos projetar um jogo de basquete com antecedência. Mas se nos concentrarmos na cultura e no processo, podemos permitir que os jogadores alcancem seus objetivos, independentemente de como o jogo se desenrola.

Essa mentalidade imparcial é mais provável de ressoar com pessoas que nossa cultura tradicionalmente não rotulou como chefes típicos e poderosos. Sua aparência é muito menos importante do que a capacidade de envolver outras pessoas em sua jornada. Este é um trabalho essencialmente humano, não limitado a gênero, raça ou origem cultural.

22. Perguntas que Valem a Pena Serem Feitas

Engenheiros, cirurgiões e pilotos de carros de corrida fazem um trabalho facilmente mensurável, seguindo caminhos comprovados. Mas o resto de nós precisa se envolver em discussões úteis sobre o que é *possível.*

Aqui estão algumas perguntas que podemos fazer sempre que nos propusermos a trabalhar juntos. Vale a pena perguntar em voz alta, responder por escrito e se comprometer com as respostas:

- Que mudança específica essa equipe fará?
- Qual é o meu papel nessa mudança?
- O que devo aprender para apoiar e liderar essa mudança?
- Quem pode me ajudar? Quem eu posso ajudar?
- Qual é o risco — para nós, para mim, para as pessoas a quem servimos?
- Qual é o timing desse projeto?
- Qual é o orçamento?
- Do que estou com medo?
- Qual é o benefício para cada parte envolvida?

E outras perguntas para depois que terminarmos:

- Enviamos no prazo?
- Cumprimos nossas grandes promessas (para nossos clientes, claro, mas também para nossos colegas)?
- Fizemos o melhor trabalho possível?

- Buscamos desconforto na busca pela inovação?
- Nossa teoria de mudança, processo e criação está melhorando?
- Fizemos perguntas difíceis que levaram a novos insights?
- Apresentamos métricas úteis sobre como melhorar?
- Construímos um sistema resiliente o suficiente para produzir ainda mais valor?
- Como crescemos como organização e indivíduos? O que aprendemos?

Essas perguntas são essenciais e fáceis de evitar, mas inevitáveis para organizações importantes. Qualquer organização pode começar a ter essas conversas, se não lutar para evitá-las.

E se não formos capazes de falar sobre essas coisas, não tenho certeza se podemos nos chamar de profissionais.

23. Antes de Começarmos

Elabore dois documentos com sua equipe antes de começar o próximo projeto:

- o pré-mortem;
- e o brainstorming.

Cada tarefa que realizamos pode ser considerada um projeto — seja o próximo cliente que atenderemos, o produto que lançamos ou uma ligação com investidores...

Imagine que o projeto falhe. Façamos uma lista, com antecedência, de tudo o que deu errado. O que não funcionou? Quem não entendeu o que foi prometido? O que era arriscado?

Também precisamos considerar o melhor feedback que recebemos antes de começar. O que os clientes dizem no Yelp, aquele vice-presidente conversando no corredor, o funcionário que foi transformado — agora que conseguimos, o que eles dizem? O que ressoou neles?

Com a intenção, podemos descrever e nomear possíveis futuros. Esses futuros nos ajudam a definir o caminho que queremos seguir.

Para ter intenção, precisamos estar comprometidos e dispostos a escolher o que acontece a seguir.

24. Juntos Rumo ao Significado

O povo Inuit tem uma tradição antiga de marcar um caminho ou local significativo empilhando pedras em um *inuksuk*. O termo significa "aquilo que age na capacidade de um humano". É um ato coletivo, um projeto de significado criado por uma comunidade. Sentiríamos falta se ela não estivesse lá — na verdade, estaríamos perdidos.

Não é aleatório, não é universal. É significativo aqui, neste território. Por uma razão.

Em várias tradições europeias, um monte de pedras transmite uma mensagem semelhante. Não apenas "estávamos aqui", mas também "isso vale a pena notar".

Um transeunte não deve retirar uma pedra de um monte ou destruir um *inuksuk*. As pessoas que vieram antes de nós construíram algo e podemos aprender ou acrescentar algo a isso.

Cada pedra é significativa. Sem essa pedra, toda a estrutura não pode se manter como foi construída. E ainda, individualmente, cada pedra é trivial. É apenas a coleção de contribuições que cria o todo, o *inuksuk*, o movimento para a frente e o sinal na forma de um humano.

25. Uma Bússola Antes de Desenharmos o Mapa

As revoluções trazem mudanças e podem ser acompanhadas pelo arco dessas transformações, embora os detalhes sejam indescritíveis no início. Esse arco é consistente e pode ajudar a guiar o caminho, muito antes que a indústria ou a cultura tenham detalhes suficientes para especificar um mapa de etapas a seguir.

Ao longo de nossas vidas, testemunhamos as revoluções causadas pelo surgimento dos computadores, da internet, pela degradação do meio ambiente e pelo fim do industrialismo.

Na revolução do consumidor de meados do século, bastava torná-lo acessível e conveniente para ter sucesso.

Nos primeiros anos da internet, observadores inteligentes compreenderam que a pergunta "O que a internet quer?" poderia ser útil para tomar decisões. Não as pessoas que usam a internet, mas a própria rede. Em que ela prospera?

Oferecer mais conexões pessoa a pessoa, mais largura de banda ou mais opções — coisas em que a própria internet era boa —, provavelmente levaria ao sucesso, independentemente de qualquer outra coisa que fosse feita. O efeito de rede foi um sintoma da compreensão de como essa nova tecnologia estava revolucionando tudo o que tocava. Kevin Kelly nos ajudou a entender que perguntar o que a tecnologia quer é uma estrela do Norte, ou mesmo uma bússola para acompanhar a corrente em vez de combatê-la.

Nos últimos anos, muitas organizações descobriram que para avançar é útil se perguntar: "O que a Terra quer?" Construir coisas resilientes, leves e sustentáveis é um caminho poderoso a seguir — o oposto de uma postura de domínio e desperdício. O movimento está ganhando força e proporcionando mudanças. A Terra é o nosso cliente e muitas pessoas estarão alinhadas conosco enquanto a atendemos.

E a lição deste manifesto é simples: uma organização de qualquer tamanho pode avançar efetivamente perguntando-se: "Do que os humanos precisam?" O que criará significado para aqueles que interagem conosco?

Isso não é o que os industriais tradicionalmente perguntam. Não é nem o que os empreendedores da internet têm perguntado. Daqui para a frente, as perguntas que temos que fazer não são sobre alimentar o mercado de ações, o varejista local ou a nuvem de servidores da internet. Não estamos aqui para encher unidades de armazenamento ou ganhar mercado. Em vez disso, perguntamos o que nosso povo precisa. Qual é a mudança que buscamos? Isso importa para as pessoas com quem trabalhamos?

As respostas variam e ainda não existe um manual. É uma bússola que aponta o que realmente importa.

Esses pontos cardeais revolucionários são independentes, e eles se sobrepõem e interagem.

Quando a internet do consumidor chegou, não era acessível nem conveniente (exceto o e-mail, o aplicativo revolucionário dos 1980 a 1995). Demorou uma década ou mais até que alimentar a internet se tornasse parte dos negócios. Organizações grandes e pequenas acabaram inserindo-se.

Quando as preocupações ambientais apareceram no radar de muitas organizações, elas pareciam contrárias à maioria das metas corporativas. Agora, os carros elétricos têm status mais elevado, são mais confiáveis e têm melhor desempenho do que os tradicionais, e a energia solar é mais barata e mais produtiva do que o gás ou o petróleo. Hoje, mesmo grandes indústrias optaram por servir a terra como um constituinte valioso.

Todas as revoluções têm em comum a inconveniência. Foi inconveniente para um industrial abraçar a internet em 1998, para uma organização sem fins lucrativos mudar de rumo e se tornar sustentável, e para uma corporação de sucesso abraçar o que de fato é importante. É raro que isso aconteça de forma rápida ou fácil, e é exatamente por isso que essas mudanças são revolucionárias.

As revoluções começam nas margens, mas acabam mudando tudo com o que interagem.

O Que Aconteceu com a Gestão?

"O que você faz se o envelope for grande demais para o espaço a ser inserido?"
"Bem, se você os dobrar, eles te demitem. Eu costumo jogá-los fora."

Na Roda da Fortuna

26. O Fim do Industrialismo e a Estagnação da Produtividade

A Amazon perdeu um quarto de seus lucros anuais devido à rotatividade em 2021.

De acordo com documentos internos relatados pelo *Engadget*, a Amazon perdeu mais de 8 bilhões de dólares em 2021 por causa da rotatividade. Apenas um a cada três novos contratados permaneceu por mais de três meses.

O problema da rotatividade é tão urgente que a empresa está começando a se preocupar em ficar sem novas pessoas para contratar. De acordo com documentos publicados pelo *Recode*, eles podem estar correndo o risco de esgotar todo o fornecimento de mão de obra disponível em várias grandes cidades dos Estados Unidos.

Uma das razões para a rotatividade é que a empresa evita promover a maioria dos trabalhadores para cargos de gerência. Funcionários sem diploma universitário raramente são promovidos a cargos de gerência, pois a mentalidade industrial de "siga as instruções e vamos medir sua produção" domina a experiência de quase todos os trabalhadores da linha de frente.

Ao criar a empresa mais gerenciada dos Estados Unidos, a Amazon construiu um sistema no qual quase ninguém é solicitado a usar seu melhor julgamento. Criar mudanças significativas e conexões não apenas é desencorajado, mas também quase impossível para a maioria dos trabalhadores.

Essa abordagem sistêmica para o gerenciamento industrial constrói uma máquina confiável, que é regularmente considerada a marca mais admirada dos Estados Unidos. Os clientes respondem bem a um serviço genérico, previsível e conveniente. Gostamos de Big Macs e da entrega Prime. No entanto, o serviço rápido e os preços baixos têm um custo.

27. Para Onde Foi a Produtividade?

Em 2022, a produtividade anual caiu na maior proporção desde que a Secretaria de Estatísticas Trabalhistas dos Estados Unidos começou a medir há setenta anos.

Os industriais se importam muito com essa métrica, pois ela calcula a quantidade de produção para cada hora gasta pelos funcionários. Quando aumenta, há mais dinheiro para pagar às pessoas, mas, como os gestores gostam de enfatizar, também há mais para manter e registrar como lucros.

Sundar Pichai, do Google, e Mark Zuckerberg, da Meta, responderam a essa erosão prometendo demitir pessoas, medir a produção com mais cuidado e criar uma postura voltada para a produção. Empresários como Elon Musk simplesmente demitiram até 75% dos funcionários de suas empresas, cortando "peso morto" e tentando assustar o restante da equipe.

O CEO da Microsoft, Satya Nadella, não está seguindo essa abordagem. Sua equipe cunhou o termo "paranoia da produtividade" para lembrar a si mesmos de que pressionar os criadores por métricas de curto prazo quase sempre tem efeitos negativos.

"No final, para os negócios, essas ferramentas são realmente sobre ajudar seus funcionários a prosperar", disse Nadella. "A única maneira de uma empresa ter sucesso e ser produtiva é se os funcionários sentirem esse senso de capacitação, essa energia e conexão com a missão da empresa e estiverem realizando um trabalho significativo."

Isso ocorre por causa da bifurcação na estrada.

A verdade é simples: a produção de *widgets* é bastante fácil de medir e aumentar. Mas essas métricas (e métodos) não funcionam para interações humanas, insights ou inovação.

> *O regente de uma orquestra não produz som. Ele depende, para seu poder, de sua capacidade de capacitar outras pessoas.*
>
> Ben Zander, Filarmônica de Boston

28. Riscos e Confiança

Quando consideramos os quatro tipos de trabalho, podemos organizá-los em uma matriz de dois por dois com as variáveis riscos e confiança como os dois eixos.

O trabalho de alto risco e baixa confiança é atribuído pelo industrialista. Isso envolve seguir especificações, testar e medir, fazer vigilância. A gestão tradicional se enquadra nesse quadrante. É assim que se administra com sucesso uma franquia de *fast food*. Cada cliente é importante e cada resultado precisa ser idêntico.

O trabalho de baixo risco e baixa confiança é parecido, exceto que pode ser facilmente terceirizado. Essa não é uma tarefa que sua organização precisa levar a sério. Quando a Amazon precisou rotular 10 mil imagens, eles criaram o Mechanical Turk, um programa que permite que qualquer pessoa no mundo ganhe alguns centavos fazendo trabalho fracionado. Hoje em dia, trabalhos como esse são feitos por IA e aprendizado de máquina. Atribua a mesma tarefa a cem *bots* e, cedo ou tarde, ela será concluída.

O próximo quadrante é destinado a trabalhos que têm baixos riscos, mas exigem alta confiança. Esse é o trabalho de criação de cultura, de comunidade, de pessoas com as quais nos importamos que se dedicam diariamente para contribuir com o todo. O trabalho é consistente, mas é humano, não industrial. As mudanças causadas pela pandemia, terceirização, trabalho remoto e IA afetaram esse quadrante.

E o último quadrante, o mais importante, é para trabalhos de altos riscos e alta confiança. Este é um trabalho significativo, importante, um trabalho na vanguarda. É o trabalho que gera valor humano à medida que nos conectamos e respeitamos os indivíduos que o realizam.

Não é vantajoso industrializar esse trabalho ou realizá-lo sob pressão. Porque, então, ele se torna industrializado e, mais uma vez, junta-se à corrida rumo ao fracasso.

Altos riscos

Vigilância Certificação Verificação ***Toque a música como foi escrita***	**Significado** Seres humanos Mágica ***O quarteto de jazz***
Impessoal IA Plataformas de trabalho autônomo ***Compre Três, use um***	**Conforto** Familiaridade A comunidade ***Onde todos sabem o seu nome***

Baixos riscos

29. A Corrida Rumo ao Fracasso

Esta é uma corrida que você não quer participar. Porque você pode vencer. Ou pior, ficar em segundo lugar.

Esta é a corrida do industrialista, a corrida da produtividade. Este é o desafio de ter mais por menos, de qualidade de mercado em escala.

A corrida rumo ao fracasso também oferece preços baixos, qualidade mediana e muita margem para desculpas sobre nossa falta de humanidade e foco no curto prazo. A corrida rumo ao fracasso está cheia de atalhos e de competidores dispostos a sacrificar a integridade por uma pequena vantagem.

No começo, ir por esse caminho é emocionante, porque uma pequena vantagem inicial parece ser uma bênção extraordinária. As vendas e os lucros chegam rapidamente.

Mas inevitavelmente, quando um concorrente aparece, torna-se uma corrida. E, para vencer essa corrida, todos os elementos que o atraíram ao trabalho desaparecem rapidamente.

> *O planeta não precisa de mais pessoas bem-sucedidas, mas precisa desesperadamente de pacificadores, curadores, restauradores, contadores de histórias e amantes de todos os tipos.*
>
> DAVID ORR

30. Prêmios Por Ficar no Ponto Vermelho

Se é uma corrida, então treinar é obviamente o próximo passo.

Há mais de trezentos anos, Jean-Baptiste de La Salle fundou o *Brothers of the Christian School*, uma das primeiras escolas na França a educar crianças sem levar em conta o status social. Ele também fundou uma das primeiras faculdades de formação de professores do mundo.

Para gerenciar a sala de aula, ele ajudou a desenvolver um sistema de penitências e pontos, em que as crianças poderiam se comportar bem em troca da chance de evitar punições.

Em 1900, De La Salle foi canonizado, e até um asteroide recebeu o seu nome.

As pessoas respondem a sistemas baseados em pontuação, especialmente sistemas com recompensas e prêmios. Avance um século, porém, e podemos ver os resultados da inovação de La Salle. O filho de um amigo no primeiro ano da escola voltou para casa orgulhoso, mostrando à mãe os brinquedos de plástico baratos que havia ganhado naquele dia.

"Eu fiquei quieto e ganhei alguns pontos. E se eu ficar quieto amanhã, posso ganhar mais prêmios!"

Primeiro ano. Fique quieto e ganhe um brinquedo. Essa é uma forma de doutrinar crianças na obediência e no consumo.

Isso é precisamente o que o industrialismo busca.

As corporações descobriram que há lucro em distribuir pontos e transformar o comportamento em um jogo. Milhas para passageiros frequentes, classificações no Peloton e as ofensivas do aplicativo Duolingo existem para sentirmos que estamos fazendo algo significativo.

Mas essa técnica comprovada agora está se espalhando de maneiras que a maioria de nós não esperava nem desejava.

Ficar quieto para ganhar pontos é o que precisamos ensinar às crianças? Já não passamos tempo demais pontuando?

O ClassDojo é um aplicativo que, segundo o fabricante, é usado em 95% de todas as escolas primárias nos Estados Unidos. Embora forneça ferramentas de comunicação úteis para professores e pais, sua função principal é distribuir pontos como de La Salle.

A gamificação é simplesmente uma codificação e amplificação das motivações às quais cada um de nós responde quando está inscrito em um jogo. É um treinamento para o regime industrial de controle e produtividade de curto prazo.

Como Adrian Hon aponta em *You've Been Played*, tudo agora é gamificação. O verdadeiro debate a ser travado é a diferença entre a boa e a má gamificação, entre a gamificação útil e a manipuladora, entre mágica e banal.

Ele cita um pai: "Minha filha é uma estudante exemplar, tem bom comportamento e os professores só têm coisas boas a dizer sobre ela. Em apenas dois dias, vi um impacto negativo, ela chegou em casa preocupada com seus pontos, perguntando o que pode fazer para ganhar pontos, e esta manhã ela perguntou se poderia faltar a aula porque estava com medo de cometer um erro e perder pontos. Ela tem 6 anos."

Quando um professor usa o sistema ClassDojo para amplificar o envolvimento emocional, diminuir as distrações e praticamente eliminar o uso ilícito de celulares em sala de aula, é difícil argumentar que isso não está ajudando a escola a cumprir a missão que seus pais, professores e a maioria dos alunos têm para ela.

Por outro lado, quando uma escola recompensa um aluno com uma lata de Sprite por ganhar cem pontos e distribui ainda mais pontos em troca de obediência silenciosa e concordância prática, é difícil ver como isso beneficia alguém além dos burocratas.

O ClassDojo, para amplificar o impacto, atualizou seus sistemas para adicionar feedback de áudio também. Agora, quando um aluno recebe uma advertência, o professor pode transmitir um áudio para toda a classe.

Cedo ou tarde, toda motivação é automotivação. Ou os pontos se tornam parte de quem somos ou paramos de responder a eles.

E, quando paramos de responder, as forças externas em busca de mais poder simplesmente aumentarão os pontos.

Agora estamos sendo manipulados pelos soberanos preguiçosos dos pontos. É um atalho para lucros, para controle e, acima de tudo, para evitar a conexão humana real. O trabalho, a escola e o nosso tempo de lazer estão se tornando uma roda de hamster interminável, com pequenos agrados distribuídos por comportamentos que alimentam as corporações, não nossas almas.

Platão argumentou que o Estado deveria se certificar de doutrinar as crianças desde cedo e nunca deixá-las desenvolver a imaginação. "Sendo diferentes, eles exigirão um tipo diferente de vida, e isso os fará querer novas instituições."

Quantos seguidores você tem online? Quanto você consegue se encaixar? Aqui está o ponto de hoje, pense nele.

31. Em Busca de um Cronômetro Ainda Melhor

Em 2022, a Amazon introduziu melhorias em suas tecnologias de vigilância Contact Lens. Agora está disponível para milhares de empresas que utilizam o AWS (Amazon Web Services). O Contact Lens é um algoritmo de aprendizado de máquina artificialmente inteligente que escutará todas as chamadas de atendimento ao cliente. Ele não apenas compreende as palavras utilizadas pelo atendente, mas também detecta níveis de estresse em suas vozes e pausas incomuns.

A *Engadget* cita o CEO da AWS, Adam Selipsky: "Isso reduz o tempo que os gerentes de centrais de atendimento gastam identificando problemas de desempenho e ajudando a treinar os agentes."

Outra forma de dizer isso é que é mais fácil implementar vigilância do que contratar e treinar pessoas atenciosas. Certamente é mais conveniente e parece mais seguro.

Sua ligação pode ser monitorada. Exceto que não da maneira como esperávamos — agora é em todas as chamadas, o tempo todo. Fico imaginando como é a satisfação no trabalho (e na vida) para os agentes que atendem a essas chamadas. À medida que a IA fica mais inteligente e o aprendizado de máquina coleta mais dados, o sistema virá atrás de cada um de nós.

Assim que um sistema industrial puder monitorar o seu dia, ele o fará. Implacavelmente.

32. A Meia-vida de uma Grande Organização

Empresas como U.S. Steel ou IBM costumavam ser grandes por décadas. Elas descobriam uma inovação, em seguida a industrializavam e otimizavam por anos.

Com o mundo ficando mais rápido, porém, a meia-vida da tecnologia de ponta até se tornar uma comodidade em declínio continua a diminuir.

O que nos trouxe até aqui não nos levará adiante.

E assim, sob o comando de Steve Ballmer, a Microsoft falhou em aproveitar as oportunidades disponíveis com motores de busca, smartphones, redes sociais e computação em nuvem. Eles perderam quatro das maiores transições durante a década mais importante em tecnologia.

A empresa foi de primeiro lugar à menção desonrosa, e só quando uma nova geração de líderes reconstruiu a empresa que a Microsoft teve a chance de se recuperar. Ballmer escolheu conveniência em vez de significado, todas as vezes.

As pessoas que você contrata para seguir instruções raramente são aquelas que o ajudarão a construir algo inovador e substancial.

33. Retorno Sobre os Ativos

Retorno sobre imóveis, máquinas, ativos financeiros, pessoas...

A matemática é convincente e simples. Se você tem concorrentes, precisa extrair o máximo de proveito de cada ativo que possui, senão eles vão te tirar do jogo. Monetize seu espaço de prateleira, sua lista de e-mails, sua fábrica. É uma corrida por controle, alavancagem e amplificação.

Mas quando começamos a pressionar as pessoas, às vezes elas se manifestam ou se afastam.

O mundo mudou. Os funcionários têm mais informações sobre alternativas, respeito e salários. Não dá para torturá-los como podemos forçar uma máquina ao seu limite.

Essas informações também destacam oportunidades para indivíduos capazes de contribuir com mais percepção e possibilidade humanas em outro lugar. O trabalho remoto torna isso ainda mais fácil, uma vez que o número de lugares para contribuir sem sair de casa é quase infinito.

E, finalmente, como resultado da escala e da troca de informações, quase todos os benefícios de maximizar as contribuições de não humanos foram esgotados. É fácil encontrar a paridade com seus concorrentes quando todos estão terceirizando para os mesmos produtores.

O resultado é uma mudança real na forma como precisamos que as pessoas com quem trabalhamos ajam: como seres humanos, não como máquinas obedientes.

34. A Troca de Trabalho no Livre Mercado

O objetivo do gerente industrial é vencer a transação. Eles nos pagam pelo nosso tempo, extraem o máximo possível e depois vão embora, equilibrados. Isso é o que o mercado suportará.

Nenhuma conexão, nenhuma lealdade, nenhuma humanidade. Apenas extração. Humanos como recursos.

Claro, pessoas com alma, pessoas que têm escolha, pessoas que buscam humanidade se incomodam com essa ideia de uma transação corporativa. Se a pergunta é "Quanto eu te devo?", Margaret Atwood está certa: "A resposta nunca é 'nada'."

Temos uma dívida com nossos funcionários. Devemos isso aos nossos colegas de trabalho. E devemos isso aos nossos chefes.

O trabalho é a expressão de nossa energia e nossos sonhos. Devemos às pessoas que estão ao nosso lado nessa jornada a mesma dignidade e conexão que gostaríamos de receber em troca.

35. Kinko e Sleepy

Há uma alternativa ao regime de conformidade de cima para baixo. Quando Paul Orfalea estava construindo a Kinko's (que ele vendeu para a FedEx por mais de 2 bilhões de dólares), ele disse que a melhor técnica para fazer o negócio crescer era simples: ele entrava em uma das lojas e pedia a alguém de lá para lhe contar sobre uma inovação que haviam implementado e que estava funcionando (e então ele contava para todas as outras lojas).

Se você não tinha uma inovação para compartilhar, Paul deixava claro que precisava melhorar.

Quando Harry Acker estava construindo a Sleepy's (que seu filho vendeu para a Mattress Firm por quase 1 bilhão de dólares), sua melhor técnica para fazer o negócio crescer era ligar para todas as lojas todos os dias e perguntar: "O que está errado?" e então resolver o problema.

O gerente da loja que me contou essa história deixou claro que se você não tinha um problema para compartilhar, estava em apuros.

Duas faces da mesma moeda. É possível que sua equipe saiba o que está acontecendo.

Desta Vez, com Sentido

Aqueles que dizem que não pode ser feito não devem interromper aqueles que estão fazendo.

Kathrin Jansen

36. Quando Cantamos a Canção Juntos

O significado é uma escolha, e as organizações já estão optando por ela.

As revoluções destroem o perfeito e possibilitam o impossível. Jornais, agências de viagens, empresas de táxi, reuniões presenciais... Há uma longa lista de produtos e interações industrializadas anteriormente perfeitas que foram substituídas, quase da noite para o dia, por produtos e serviços que antes eram considerados impossíveis.

A revolução do significado está desfazendo o poder comercial do industrialismo e levando-nos a criar organizações que eram difíceis de visualizar uma ou duas décadas atrás.

Considere a Automattic, uma empresa privada lucrativa que faz parte do ecossistema do WordPress. A Automattic tem mais de 2 mil funcionários em tempo integral, mas cada um deles pode trabalhar de onde quiser e quando quiser. Essa força de trabalho distribuída e semiautônoma criou alguns dos softwares mais bem conceituados e com bom funcionamento do mundo, e eles fizeram isso sem muitas das armadilhas do gerenciamento industrial típico.

Está claro que organizações significativas não se limitam a sites, orquestras e empresas de software.

A maioria das campanhas políticas de sucesso funciona dessa forma, assim como organizações sem fins lucrativos em crescimento rápido e até mesmo uma adorada lanchonete em Ann Arbor, no Michigan.

A gestão corre em direção ao recôndito; a liderança oferece a chance de alcançar o topo.

A diferença é marcante, e os benefícios para os funcionários, clientes e empresas são claros.

É possível para uma organização significativa vender alimentos, desenvolver softwares, ensinar cerâmica ou costurar roupas. Não se trata do que produzimos, mas sim de como escolhemos produzir.

Se nos importamos o suficiente para criar o melhor emprego que você já teve, a equipe percebe. E se pessoas que se importam constroem algo do qual se orgulham, o mercado percebe.

37. Propriedades Rígidas/Flexíveis

Tom Peters e Bob Waterman escreveram sobre isso pela primeira vez há trinta anos. Alguns elementos de uma organização significativa são rigidamente controlados, com vigilância e baixa confiança, simplesmente porque os riscos são altos e podemos medir facilmente a qualidade. E outros são flexíveis, esperando que os seres humanos tragam seu melhor julgamento para o trabalho.

Os hospitais do Sistema de Cuidados Oculares Aravind, na Índia, restauraram a visão de mais seres humanos do que qualquer outra instituição do mundo. Milhões de pessoas agora podem enxergar graças ao trabalho dedicado de seus milhares de funcionários.

Os pacientes têm uma escolha — podem pagar algumas centenas de dólares pela cirurgia de catarata ou fazê-la gratuitamente. Um suficiente número deles opta por pagar, tornando a Aravind, em grande parte, autossuficiente. Sua cultura celebra duas coisas:

1. As taxas de infecção e falha em suas cirurgias são extremamente baixas. É mais provável que você pegue uma infecção em uma cirurgia similar em Londres.
2. Os pacientes são bem tratados, independentemente de pagarem ou não.

Cirurgiões de todo o mundo treinam na Aravind porque o sistema realiza muitas cirurgias, então é um ótimo lugar para aprender a arte, a disciplina e a técnica. A sala de cirurgia é rigorosa, baseada em procedimentos e deixa pouco espaço para inovação. Isso é uma característica.

Ao mesmo tempo, espera-se que a equipe que trabalha no hospital inove, traga humanidade às suas interações e faça o que for necessário para tornar a instituição um lugar de cura e conexão. Independentemente de como você chegou à Aravind, você será tratado com o respeito e a dignidade que merece.

A chave para entender isso é que cada um desses caminhos é seguido de forma intencional.

38. Carpetes são um negócio sujo

Em 1973, contra todas as probabilidades, Ray Anderson fundou uma empresa de carpetes. A fabricação de carpetes envolve látex, nylon, calor e trabalho árduo na fábrica. Também é uma indústria de *commodities*, um negócio baseado em preços com margens brutais.

Mas Ray estava determinado. Ao longo de vinte anos, ele transformou a Interface em uma líder norte-americana na indústria de carpetes, vendendo carpetes modulares para grandes instalações de escritórios. Nenhuma venda era pequena demais para ser ignorada, e nenhuma melhoria de produtividade era deixada de lado — seu diretor financeiro trabalhava setenta horas por semana, ano após ano.

Em 1974, ele soube que um potencial cliente na Califórnia havia se recusado a comprar devido a "preocupações ambientais". Isso o levou a um livro inovador de Paul Hawken, e ele começou a entender o quanto sua empresa (e tantas outras) estavam causando danos ao meio ambiente.

Ray se sentou com sua equipe sênior, um grupo de gestores industriais práticos que entendiam como otimizar seu negócio em termos de custo e lucro. Disse a eles que parariam de saquear a Terra e, em vez disso, dar exemplo para outras empresas. Eles reconstruiriam toda a operação para alcançar a sustentabilidade e continuar sendo lucrativos enquanto o fizessem.

E então, Ray disse a eles que não tinha ideia de como fazer isso. Ele desafiou sua equipe: "Vamos alcançar a sustentabilidade até o ano ____. Vocês devem preencher o ano."

E então ele lhes deu o poder e a autoridade para lidar com o problema, juntamente com a responsabilidade de fazer algo a respeito. Ray se levantou e saiu da sala.

Hoje, a Interface vende carpetes modulares que não são apenas neutros em carbono, mas negativos em carbono: eles sequestram mais carbono do que usam. A empresa produz energia em vez de queimá-la. Mas o impacto climático não é o ponto desta história.

Em entrevistas posteriores, a equipe da Interface, desde os trabalhadores da linha de frente até o conselho administrativo, descreveu como a jornada de reconstruir a empresa mudou cada um deles. Transformou empregos em carreiras. Eles aprenderam novas habilidades e se tornaram líderes. O desafio de Ray transformou a rotina focada no lucro do trabalho na fábrica em uma vida cheia de significado — uma narrativa baseada em propósito, não apenas em salário.

Ray Anderson foi corajoso. Mas seus funcionários foram os verdadeiros heróis.

Se uma empresa de carpetes pode fazer isso, o que o resto de nós é capaz de conquistar?

39. Conformidade e Mudança

O gestor busca a conformidade. Um gestor obtém lucro entregando progresso e produtividade industrial, o que acontece quando fazemos o que foi feito ontem de maneira um pouco mais rápida e um pouco mais barata.

O líder busca criar as condições para que as pessoas promovam uma mudança. Líderes não precisam de autoridade, mas precisam coordenar a confiança, o foco e a conexão das pessoas que estão engajadas em uma jornada para realizar um trabalho que faça diferença.

É tentador desejar os melhores resultados de ambos. Prometer dignidade, conexão e entusiasmo às pessoas, e depois usar a disciplina para que façam o que você quer.

Mas isso não está funcionando tão bem como antes.

40. Travessura ou Gostosura

O acordo feito pelos industriais era simples: apareça e faça o que for mandado, e você será recompensado.

Assim como para a criança que anda por um caminho escuro no Halloween, a promessa é simples. Apareça, diga "Travessura ou gostosura" e haverá doces.

Até agora, vimos muito esforço, muitas promessas, mas não encontramos doces o suficiente.

A satisfação no local de trabalho está baixa. A mobilidade ascendente estagnou. A desigualdade de renda está aumentando. Os benefícios não acompanham as horas de trabalho, o estresse e as demissões.

E, assim, as pessoas não estão mais comprando a promessa. E os gestores estão descobrindo que não podem mais fingir que é um acordo justo.

41. O Problema com os Recursos Humanos

A terra foi o primeiro recurso. Obtenha mais milho por hectare e ganhe mais dinheiro.

Depois, as máquinas se tornaram um recurso. Torne-as mais eficientes e você ganha mais dinheiro e pode comprar mais máquinas. E então os ativos financeiros se tornaram um recurso. Busque um ótimo retorno, meça-o em pontos base (um em mil) e faça o que puder para obter um pouco mais.

Por fim, tudo o que restou foram as pessoas com quem trabalhamos. Eles não eram colegas de trabalho. Eram recursos.

Trate-os mal se for necessário. E é necessário, porque o sistema exige isso. A corrida para o fracasso é vencida pelo gestor com as melhores habilidades de marionetista e os mais baixos padrões morais.

Adicionamos muita maquiagem à feia verdade de como os gestores industriais veem seus funcionários, mas a realidade não mudou muito: se os seres humanos são um recurso, então estamos aqui para espremê-los.

Isso leva ao bullying, ao esgotamento, ao assédio e a sistemas baseados na injustiça e na falta de equidade, em vez de possibilidades. A gestão e o industrialismo foram impostos *aos* trabalhadores, não realizados *com* eles.

É hora de mudar isso. Podemos criar valor, promover mudanças e fazer a diferença liderando com os seres humanos em vez de tratá-los como peças em uma máquina sem alma.

42. Dois Anos que Mudaram o Mundo

Teria mudado de qualquer maneira, mas quando Henry Ford encontrou Frederick Taylor, o futuro foi codificado, amplificado e se tornou lucrativo.

Em 1909, um jorro de petróleo no Texas deu início a um século de petróleo barato, combustível que poderia ser queimado para criar poder e riqueza.

Em 1911, Frederick Taylor publicou *Princípios de Administração Científica*, um manifesto que concebia os seres humanos como máquinas, dispositivos obedientes que poderiam se tornar cada vez mais eficientes.

E em 1911, Taylor encontrou Henry Ford enquanto este construía a fábrica do Modelo T em Highland Park, Michigan.

Os recursos humanos nasceram.

Petróleo barato, mais máquinas alavancadas e mais seres humanos obedientes geraram enormes lucros e nos viciamos nisso.

43. Simplificado em Medíocres

Henry Ford recebeu medalhas de produtividade tanto de Stalin quanto de Hitler. Taylor nunca foi tão famoso, em parte porque não nomeou uma empresa com seu nome, mas principalmente porque ele esclareceu um sistema que parece óbvio para todos que estão nele. Poucas pessoas acreditam que a gestão tenha sido *inventada* por alguém; a maioria acredita que ela simplesmente existe. Mas ela foi inventada, com intenção, por industriais que sabiam exatamente o que estavam fazendo.

Um visitante da antiga fábrica da Ford escreveu: "Cada funcionário parecia estar restrito a um movimento bem definido, uma torção, espasmo ou tremor... Eu nunca pensei que fosse possível reduzir seres humanos a autômatos tão perfeitos. Eu procurava constantemente pelo fio ou correia escondidos em seus corpos que os mantinham em movimento com uma precisão tão maravilhosa, mas não consegui descobrir como a energia motriz era transmitida para essas pessoas, e não parece razoável que seres humanos consentiriam voluntariamente em serem simplificados em pessoas medíocres. Suponho que suas esposas os deem corda enquanto eles estão dormindo."

Isso não é história antiga, nem se restringe à fabricação de automóveis. Veja o que um visitante de uma fábrica moderna de jeans Levi Strauss disse há menos de trinta anos: "Durante nosso tour pela fábrica, ficamos impressionados com a minuciosa segmentação das operações. Eram necessários seis operadores de máquina de costura diferentes, cada um realizando uma tarefa simples para costurar um bolso nas calças. E a maioria dos operadores fazia a mesma tarefa, hora após hora, dia após dia, ano após ano."

A mesma compartimentalização e mentalidade de gestão têm sido aplicadas a médicos, engenheiros de som e até mesmo a indivíduos nas redes sociais.

É o que acontece quando se corre em direção ao fracasso. Isso requer que você veja os seres humanos como recursos, não como pessoas, e que a fábrica (em qualquer forma) utilize esse recurso para obter máxima eficiência de curto prazo.

44. Como Consigo Que as Pessoas Façam o Que Eu Quero?

Talvez uma pergunta melhor seja: como crio as condições para que outras pessoas realizem um trabalho significativo?

A gestão é a prática de usar poder e autoridade para obter o que queremos. Para fazer hambúrgueres fritarem, encomendas serem entregues, telefones serem atendidos.

Liderança é a arte de criar algo significativo.

A gestão teve um bom desempenho. Por mais de cem anos, bons gestores criaram resultados industriais consistentes, produtos úteis e lucros confiáveis.

A Ford foi bem gerida. A IBM também. A pizzaria local podia ser confiável para entregar uma pizza quente a um preço justo.

Mas a gestão está chegando ao seu limite.

Humanos não são recursos.
Não somos uma ferramenta.
Os seres humanos são o ponto central.

45. Abrindo a Porta para a Possibilidade

Atenção: A próxima seção é o cerne de todo este desabafo. Este manifesto existe para destacar a oportunidade e a armadilha, o medo não mencionado que tem influenciado nossa cultura, organizado nossa educação e minado nossa capacidade de realizar o trabalho que importa.

Se você só tem tempo para ler uma seção, por favor, que seja esta:

46. A Generosa Audácia do Significado

Vivemos com medo. Medos antigos. O medo do isolamento, da rejeição e do perigo físico. Evoluímos e sobrevivemos por causa desse medo, não apesar dele. A comunidade oferece segurança; desafiar o chefe é um risco. O desconhecido, logo além da luz do fogo, deve ser evitado.

A ironia do nosso mundo moderno é que os medos antigos persistem e trabalham contra nós. Os industrialistas perceberam nossa fraqueza e a maximizaram. Esses medos sabotam nosso trabalho, minando o que dizemos querer. Eles atrapalham nossa capacidade de ser plenamente humanos.

Bloqueio criativo, reuniões intermináveis, memorandos, medo do chefe, medo da avaliação, medo do mercado, defesa do status quo — esses são sintomas da Resistência, dos nossos medos ancestrais que retornam para nos paralisar.

E com muito em jogo, o gerente industrial joga junto, removendo toda independência e simplesmente nos dizendo o que fazer, amplificando nosso medo ancestral com um cronômetro e uma carta de demissão.

Então nos concentramos e vemos nossos sonhos que têm significado murcharem.

E o líder moderno também pode perceber o medo, respondendo com muitos lanches na cozinha, opções de ações, horários flexíveis e a liberdade de fazer o trabalho que dizemos querer fazer. Eles têm boas intenções, mas é insuficiente.

Cedo ou tarde, piscamos. Olhamos para a oportunidade e congelamos em resposta. Em parte porque fomos doutrinados por escolas e gerentes para esperar pelas instruções e pelo prazo. E em parte porque os medos antigos são poderosos e persistentes.

Sem tensão, esperamos. Sem prazo, vagamos sem rumo. Sem urgência, é mais fácil procrastinar.

Há muita culpa para distribuir, mas, cedo ou tarde, tudo se resume em como vamos responder à nossa oportunidade de criar.

O líder compreende que o compromisso com o significado é um ato generoso, mas também traz riscos aparentes e medos reais para todos os envolvidos. Medos astutos e sutis, inteligentes e persistentes.

Quando abraçamos os compromissos mútuos do significado, criamos as condições para um entendimento compartilhado de que nosso trabalho, nosso trabalho real, é dançar com o medo. E dançar com o medo requer significado, tensão e a crença de que estamos fazendo algo que importa.

47. Procurando por Kokoro

Como acontece com a maioria das palavras importantes, é difícil traduzir um conceito como o termo japonês *kokoro*. Significa coração, espírito, mente e eu. É a expressão interna e externa de quem somos e do que somos capazes.

Mesmo se você não fala japonês, a palavra provavelmente ressoará. É uma expressão de nossa humanidade, da dignidade e conexão que buscamos no que fazemos e na forma como somos compreendidos. Ser capaz de encontrar *kokoro* na forma como passamos nossos dias é mágico, e dar a alguém a oportunidade de trazer seu "eu" para o trabalho é generoso e poderoso.

Neste momento, *kokoro* não é apenas o que queremos. Também é o que nossas organizações precisam.

48. Lavar um Carro é Significativo Se Você Fizer Certo

Thomas D'Eri é o líder da Rising Tide Car Wash. Eles lavam 150 mil carros por ano e recentemente abriram uma nova unidade que se tornou lucrativa em apenas sessenta dias. Parte do segredo é sua reputação de satisfação extraordinária do cliente.

Em seu livro *The Power of Potential*, D'Eri narra como sua lavagem de carros contrata pessoas com transtorno do espectro autista e cria um ambiente seguro para todos os funcionários. Começou como um lugar onde seu irmão Andrew poderia encontrar um emprego útil, mas se transformou em uma missão que afetou a vida de milhares de pessoas.

É fácil imaginar uma lavagem de carros como uma série de máquinas auxiliadas por humanos obedientes. É tentador organizar a gestão em torno dos carros, a velocidade e o custo.

Mas o significado não está em otimizar os aspectos mecânicos. Trata-se de escolher fazer a diferença.

Os funcionários da Rising Tide têm suas vidas transformadas e também mudam a vida dos outros em troca. E o mesmo acontece com os clientes. O negócio é construído com base em quatro princípios:

- Sentimento de segurança;
- Cultura de responsabilidade;
- Propósito claro;
- Amor ao cliente.

A Rising Tide não existe apenas para lavar carros. Lavar carros é apenas uma oportunidade de fazer a diferença para seus funcionários e clientes. A Rising Tide dedica muito mais tempo e energia em treinamento, atendimento ao cliente e em seus funcionários do que qualquer outra empresa de lavagem de carros que eu conheça. E, como resultado, os clientes retornam e o negócio prospera. Sua taxa de retenção é *cinco vezes* maior do que a média do setor, e cada unidade lava mais carros e gera mais lucro do que a maioria de seus concorrentes (industriais).

Se tudo o que uma lavagem de carros faz é lavar seu carro, você escolherá a mais próxima, mais barata e mais prática. Isso é uma corrida para o fracasso.

É quase impossível investir tempo e energia demais em seus funcionários da linha de frente. Eles são sua equipe de marketing e seus especialistas em Pesquisa e Desenvolvimento. Dar a eles liberdade, autoridade e flexibilidade cria exatamente o que seus clientes desejam de você, e a lealdade desses clientes paga o compromisso com seus funcionários muitas vezes mais.

As pessoas na linha de frente são pessoas. Elas são sua marca. E são o ponto central.

A canção da segurança vem em primeiro lugar. Não é um compromisso, é uma base para o resto. Antes de confiarmos, iterarmos ou inovarmos, precisamos saber que ficaremos bem, independentemente.

E então podemos elevar o padrão e crescer. Amor e significado caminham juntos.

> *Para mim, para nós, o serviço não é um ato transacional. Não é um truque que realizamos para convencer as pessoas a nos dar seu dinheiro. Sim, claro, um ótimo serviço tem valor estratégico. Todos os dias saímos com a crença de que precisamos reconquistar a confiança de nossos clientes e tornar isso valioso para que as pessoas queiram gastar tempo e dinheiro conosco. Mas, na verdade, o serviço é uma forma de estar no mundo.*
>
> ARI WEINZWEIG, COFUNDADOR, ZINGERMANS

49. Focando o Usuário Extremo

Toda organização possui extremistas: os funcionários, clientes ou investidores que exigem mais, pagam mais, usam mais, falam mais e compartilham mais. Esses usuários extremos têm grandes necessidades e oferecem benefícios maiores. São os usuários intensivos, pessoas com deficiências, os influenciadores e os profissionais. São os comprometidos.

A d.school, de Stanford, argumenta que focar esses usuários ensina à organização lições que funcionarão para todos os usuários. Isso vai contra a típica organização industrial, que está feliz em perder os extremistas se isso ajudar a atender às massas com mais facilidade.

Encontre os nerds, os motivados e os negligenciados, e descubra o que eles precisam para prosperar. Essa exploração revelará o que os outros também precisavam, mas não se importavam o suficiente para se manifestar.

Quando a Rising Tide otimiza o fluxo de trabalho para funcionários autistas, também ajuda seus funcionários neurotípicos a prosperar. Quando a d.light desenvolve um produto para algumas das famílias mais pobres do mundo, torna-se melhor em atender pessoas mais privilegiadas. Quando a By the Way Bakery foca pessoas que não consomem trigo ou laticínios, acaba construindo uma cozinha e uma operação de produção mais acessíveis e atraentes para todos os seus clientes.

50. Cuidado com Indicadores Falsos

Avaliar o trabalho humano de forma precisa no curto prazo é difícil. E, por isso, procuramos coisas que podemos medir e confiamos nelas em vez disso.

Quem é barulhento nas reuniões. Quem chega cedo ou sai tarde. Quem cometeu menos erros em seu código ou fez o primeiro *commit* no GitHub.

Esses indicadores, juntamente com a discriminação humana com base em casta ou gênero, levam a uma série contínua e acumulada de erros.

Só porque algo é fácil de medir não significa que seja preciso ou importante.

Parte do desafio de liderar uma organização significativa é ter clareza sobre os indicadores corretos.

A gestão industrial se apropriou de todas as medições fáceis, porque escala e lucro são tudo em que se concentram. À medida que a tecnologia e a cultura transformam o trabalho, podemos escolher olhar mais profundamente e descobrir o que realmente vale a pena medir, não apenas o conveniente.

51. Tornando-se Resiliente

Steven Pressfield nos ensinou sobre a Resistência — nossa aversão natural e pessoal a fazer um trabalho importante ou criativo. Trabalharemos horas extras para encontrar uma maneira eficaz de evitar assumir a responsabilidade.

O trabalho significativo requer que assumamos compromissos e os cumpramos. Gerar mudanças. Explorar o espaço liminar em nosso caminho daqui para lá. Isso é difícil, e quando é difícil ouvir a canção da segurança, pode ser desafiador avançar.

Em 2022, Maurice Mitchell publicou um ensaio brilhante sobre a construção de organizações resilientes. Alguns dos obstáculos que ele descreve são amplamente aplicáveis a qualquer equipe que busque avançar.

Existem razões legítimas pelas quais as organizações encontram obstáculos. A fadiga da injustiça social e racial de gerações, combinada com a doutrinação do industrialismo e a injustiça de reivindicar uma meritocracia que não existe, torna desafiador confiar que teremos alguma chance de fazer a diferença. O tokenismo e a retórica vazia não são uma solução, e às vezes é fácil abandonar nossos esforços para melhorar as coisas. Diante de uma ameaça à nossa segurança, é fácil focar o reforço dessa segurança.

Mas que escolha temos? As forças controladoras do capitalismo industrial e do status quo não se importam muito com nossa necessidade pessoal de autonomia e significado, e eles ficarão felizes em nos incentivar se ficarmos presos a questões de curto prazo.

Aqui estão algumas das armadilhas que Mitchell identifica. Nossas equipes precisam estar cientes delas enquanto buscamos causar impacto:

MAXIMALISMO

A armadilha: "Se não é uma solução perfeita para o problema, é uma traição a tudo que defendemos."

ATITUDES ANTILIDERANÇA

"Porque os gestores industriais prejudicaram os trabalhadores no passado, precisamos evitar toda liderança, toda gestão e as restrições que eles trazem."

SENTIMENTO ANTI-INSTITUCIONAL

"Porque algumas instituições buscam marginalizar outras e têm vigiado seus trabalhadores, todas as instituições devem ser evitadas e enfraquecidas. Não acredite em nenhuma de suas promessas."

CASAS DE VIDRO

"Se nossa organização fizer qualquer coisa que não se encaixe no modelo humanista de criação e resolução de problemas, então não temos negócios a fazer."

A PEQUENA GUERRA

"Não podemos nos envolver em grandes questões no mundo exterior porque aqui mesmo existem disputas a serem resolvidas."

CUIDADO SEM ÂNCORAS

"Vim em busca de significado e dos sentimentos de possibilidade, alegria e conexão que isso traz, o que significa que a organização tem que cuidar de todas as minhas necessidades."

DESPROPORCIONALIDADE

"O desconforto mínimo que a equipe está sentindo agora é a questão mais importante a ser abordada."

OBJETOS BRILHANTES

"Distrair-se com inclinações individuais e pessoais é mais emocionante e, no final, mais gratificante do que a jornada mais árdua para a qual nos inscrevemos desde o início."

Apenas nomear as armadilhas em voz alta muitas vezes é suficiente. Quando trazemos nossa humanidade para o trabalho, quando vamos além de ser apenas uma engrenagem, corremos o risco de perder o foco compartilhado na mudança que buscamos. É por isso que organizações focadas em dinheiro parecem ser tão mais fáceis de gerenciar.

O trabalho difícil da liderança pode começar com o entendimento do que cada um de nós traz para os desafios em que estamos trabalhando. Essas armadilhas espreitam por baixo da superfície e, quando aparecem, podemos nomeá-las, reconhecê-las e seguir em frente. Podemos voltar ao trabalho que viemos fazer.

Coragem não é a ausência de medo; é a disposição de fazer coisas que são tão importantes que valem a pena serem feitas, mesmo (especialmente) quando estamos sentindo medo. A vulnerabilidade na conversa é o poder de falar sobre o que você vê e acredita, mesmo quando está com medo. Isso é o oposto de fraqueza.

52. O Medo é Fácil

O medo é uma ferramenta fácil, mas raramente constrói uma organização resiliente. Isso porque o medo é mais útil como uma ferramenta de conformidade: "A melhor maneira de evitar ser demitido é fazer o que eu digo." Tudo o que o chefe precisa fazer é demitir algumas pessoas para deixar isso bem claro.

O problema é que fazer o que o chefe diz não funciona tão bem em grande escala e não é eficaz em um mundo complexo e em constante mudança. Todos nós somos mais inteligentes do que qualquer um de nós.

Em qualquer área em que as habilidades sejam valiosas e a troca de emprego seja possível, os funcionários mais importantes têm opções. É por isso que criar uma cultura de medo e conformidade é um beco sem saída.

Um trabalho excepcional cria mais valor do que um trabalho conformista.

53. Impactos no Futuro

Tom Peters compartilha a história de um executivo que estava tentando decidir qual dos dois gerentes promover. Ele disse que seu método era simples: olhar para as carreiras de todas as pessoas que costumavam trabalhar para cada um dos dois gerentes. E então olhar para as carreiras das pessoas que costumavam trabalhar para aquelas pessoas...

A decisão se torna muito mais fácil quando percebemos que líderes não são gerentes com um título pomposo. Líderes estão plantando as sementes para gerações de impacto futuro, independentemente de essas pessoas trabalharem para sua organização ou para outra.

O que acontece naquela sala de conferências hoje mudará as pessoas que estavam lá. Ou não. Isso depende de quem convocou a reunião.

54. Ocupação, Trabalho e Ação

A filósofa Hannah Arendt argumentou que os seres humanos têm três formas de passar o tempo. A ocupação necessária para nos alimentarmos e sobrevivermos. O trabalho de exercer uma arte na qual nos orgulhamos. E a ação de organização e possibilidade.

Por um século, as massas têm sido empurradas apenas para a ocupação. Mas o que acontece com um mundo de trabalhadores quando a necessidade de ocupação é dividida tão finamente, é tão medida e tão automatizada que não é mais necessária, não é mais satisfatória e não é mais útil?

Antes que seja tarde demais, precisamos direcionar nossos esforços novamente para o trabalho e ação.

55. Relocalizando o Centro

Copérnico nos ajudou a perceber que a Terra não era o centro da criação, mas sim o Sol. Mudar para uma visão heliocêntrica do universo alterou nossa cultura.

Qual é o centro da sua organização?

Milton Friedman argumentou que toda organização deve ser centrada no lucro. Que seu único trabalho é maximizar o valor para os acionistas.

Outros têm argumentado que é possível ser centrado no cliente, usando o atendimento ao cliente como um indicador para os lucros. Ao encantar os clientes, afirmam, aumentamos a probabilidade de aumentar os lucros. A pressa por trás disso é revelada quando algumas empresas trocam a satisfação do cliente por lucro a curto prazo assim que atingem um certo tamanho.

Organizações significativas são centradas na equipe. Seu objetivo é fazer uma mudança acontecer e fazer isso com e para um grupo de pessoas que se importam em causar impacto. É por isso que a menor audiência viável é o motor de marketing em nosso mundo moderno, e por que a adesão da equipe é muito mais valiosa do que ser um local conveniente para trabalhar.

O propósito de uma colmeia de abelhas não é produzir mel: o mel é um subproduto de uma colmeia saudável. Uma organização significativa pode satisfazer seus clientes e obter lucro também. Mas começa conquistando a adesão e depois fazendo o trabalho para fazer a mudança acontecer.

56. Volte Atrás e Pegue

Sankofa é um termo em Twi, um dialeto da língua Akan, em Gana. Significa "volte atrás e pegue".

Neste momento de agitação, quando a canção do crescimento nos impulsiona a encontrar significado, podemos voltar ao que funcionava antigamente, à forma como as coisas eram antes de o petróleo barato e o industrialismo mudarem nossas expectativas sobre como devemos passar nossos dias.

Podemos recuperar nossa natureza, a natureza humana, e buscar reconexão e melhorias.

Podemos encontrar e viver com significado se escolhermos voltar e pegá-lo.

Não é conveniente, óbvio ou fácil. Mas é essencial e já está acontecendo ao nosso redor.

57. Criando as Condições

A dignidade não é criada ou concedida, mas pode ser reconhecida e amplificada.

Bill Strickland, fundador da Manchester Craftsmen's Guild, disse: "Nós até temos flores nos corredores, e elas não são de plástico. Elas são reais e estão no meu prédio todos os dias. E agora que fiz muitos discursos, vários diretores de escolas vieram me ver, e eles disseram: 'Sr. Strickland, que história extraordinária e que escola maravilhosa. Ficamos especialmente tocados pelas flores e estávamos curiosos sobre como elas chegaram lá.' Eu disse: 'Bem, entrei no meu carro, fui até o viveiro, comprei-as e as trouxe de volta, e então as coloquei lá.' Você não precisa de um grupo de trabalho ou de um grupo de estudos para comprar flores para suas crianças. O que você precisa saber é que as crianças e os adultos merecem flores em suas vidas. O custo é incidental, mas o gesto é enorme. E assim, em meu prédio, que está cheio de luz solar e cheio de flores, acreditamos na esperança e nas possibilidades humanas."

A escola que Strickland fundou em 1968 continua impactando, atendendo quase 4 mil alunos por ano em Pittsburgh. Quase 200 mil formandos seguiram um caminho mais significativo porque alguém se importou o suficiente para permitir que eles crescessem.

Matrícula, conexão mútua, federação, dignidade reconhecida e a jornada do aumento: juntos, esses elementos criam as condições para um caminho poderoso e resiliente para o futuro.

E ainda assim, falhamos em ver que criar essas condições está em nossas mãos e que se não priorizarmos esse trabalho, voltaremos para uma gestão centralizada e para as baixas expectativas cínicas que ela traz consigo.

58. A Oportunidade de Contribuir

O surpreendente sobre o best-seller *Carbon Almanac* não é que trezentos voluntários o tenham criado em cinco meses.

O surpreendente é que isso seja algo que cause surpresa.

Passei um ano como voluntário coordenando esse projeto. Não o escrevi, nem o projetei ou editei. Em vez disso, criamos um espaço onde centenas de pessoas ao redor do mundo pudessem escolher contribuir. O resultado é um livro premiado e campeão de vendas em todo o mundo, construído em tempo recorde e sem grandes erros. Muitas pessoas da equipe afirmam que essa foi a experiência de trabalho mais importante de suas carreiras. Criamos um livro, mas também fizemos a diferença.

Chegamos a um ponto em que estamos mudando de:

Como faço para que meus funcionários façam o que eu quero?

para:

Como crio as condições para que a equipe possa causar o impacto que deseja?

Isso é o que Hannah Arendt chama de "INTER-esse". O desejo dos seres humanos de ter um lugar à mesa, um espaço onde possam se cruzar, criar e produzir significado.

Isso é o "verbo vivo" de N. F. S. Grundtvig. Nosso desejo de nos conectar, falar e sermos ouvidos, e não apenas receber ordens de alguma autoridade distante.

59. O Que as Pessoas Querem

A segurança vem em primeiro lugar. É impossível crescer, conectar-se ou liderar se estamos ameaçados ou sentimos que o chão está se movendo sob nossos pés.

Em seguida, vêm a afiliação e o status, uma dança alternada de emoções vagamente relacionadas. A afiliação é fazer parte de algo, encaixar-se, estar conectado. E o status é simplesmente quem almoça primeiro. Nosso lugar na ordem das coisas.

Mas o desejo real é o significado. Fazer algo que importa. Ser notado se não estivermos presentes. O desejo universal de alcançar dignidade e ser reconhecido.

Tornar-se significativo é o mesmo que fazer uma mudança acontecer: impactar pessoas ou o mundo ao nosso redor para que sejam diferentes do que seriam se nunca tivéssemos estado aqui. Mas gerar mudanças envolve risco, o risco de viver na possibilidade e a ameaça do fracasso (ou sucesso).

Ao confrontar a possibilidade de mudança, surge a tensão. Tensão é a sensação de querer estar em dois lugares ao mesmo tempo. Muitas vezes, é o lugar da segurança, onde sabemos que tudo será como era antes, em contraste com o lugar do significado, onde podemos aumentar nossa afiliação e aumentar ou manter nosso status.

A tensão não é algo a evitar. Você não pode sair em um dia ensolarado sem projetar uma sombra, e você não pode criar significado sem encontrar tensão.

O parceiro da tensão é a adesão. O desejo de estar exatamente aqui, neste momento. O alistamento voluntário na causa, não por dinheiro, mas pelo benefício emocional e cultural.

Nosso trabalho como líderes (em oposição a gestores industriais) fica claro. Em vez de ameaças e escassez, e em vez de conformidade e controle, temos a oportunidade de ajudar as pessoas a se tornarem significativas. Podemos estabelecer uma base de segurança e depois construir uma cultura de afiliação e status, onde o movimento para a frente é um benefício em si, ainda mais do que o salário oferecido.

O dinheiro não nos motiva o suficiente para criar a mágica de que uma equipe precisa. Esse tipo de trabalho vem de forças intrínsecas, não extrínsecas.

60. A Inovação é uma Forma de Resiliência

O Museu Canadense de História possui uma canoa de casca tradicional em sua coleção. Com cerca de 30 pés de comprimento, ela poderia carregar quase 3 mil quilos de pessoas e equipamentos e percorrer quase cinquenta quilômetros em um dia.

É difícil distinguir uma canoa de casca relativamente nova de uma antiga, mas cada uma é única. Construída a partir de diversos materiais naturais, não há um comprimento, largura, peso ou forma padrão, pois a madeira e o construtor determinam o resultado, não um conjunto de planos.

É exatamente assim que dançamos com um cliente, com uma nova tecnologia ou com novas restrições de recursos. Moldes são ótimos para biscoitos, não para pessoas.

A canoa raramente era feita por uma única pessoa. Em vez disso, era um trabalho de um clã, uma família ou uma vila. Cada um realmente contribuía — o trabalho que faziam era deles, resultado de suas interações com seus colegas de equipe e com os materiais em si.

Ficava claro para cada participante que sua parte devia se conectar com o trabalho de todos os outros, mas ninguém dizia a ninguém exatamente o que fazer. Eles não precisavam: o engajamento mútuo criava um barco com maior resiliência, que representava os materiais e as pessoas envolvidas em sua criação.

É o nosso barco, não o meu barco.

Se nos unirmos, dermos as mãos e nos apoiarmos, seremos muito mais fortes.

TODD LABRADOR, MESTRE CONSTRUTOR DE CANOAS

61. Os Lugares Intermediários

Os gerentes industriais nos dizem para estarmos AQUI, exatamente onde eles dizem e quando dizem. Aqui, fazendo este trabalho, este trabalho previsível, mensurável, específico.

Mas os líderes buscam nos ajudar a chegar *lá*. Pode não dar certo, pode não ser exatamente o que esperávamos, mas é para lá que estamos indo.

O limen é a pedra no limiar de uma porta. Susan Beaumont chama os lugares intermediários de jornada de liderança liminar. É emocionante, mas está cheio de sombras e luz, de obstáculos e pontes.

62. E Permanecemos

Ed Catmull, cofundador da Pixar, lembra-nos: "Existe um ponto ideal entre o conhecido e o desconhecido onde a originalidade acontece; a chave é conseguir permanecer nesse ponto sem entrar em pânico."

Se qualquer coisa que não seja o AQUI é vista como incorreta, perigosa ou passageira, é difícil construir uma organização focada no significado. Porque organizações significativas passam a maior parte do tempo e energia não estando onde estavam ontem. Na verdade, a incerteza e a deslocalização são o ponto central, não um incômodo temporário.

Um trabalho significativo requer que estejamos em dois lugares ao mesmo tempo. Nosso trabalho é reconhecer a situação presente enquanto nos esforçamos para mudar as circunstâncias e o status daqueles que servimos.

63. Golfe ou Surf?

"Tudo ficará bem depois que passarmos por isso" é um sentimento bastante comum. Mas talvez seja mais útil nos lembrarmos que "tudo está bem agora". Se definirmos esse estado liminar como normal, e o normal como algo bom, bem, aqui estamos nós.

Cada cartão de pontuação de golfe tem um mapa do campo no verso. Mudar a posição do buraco é algo importante, acompanhado de reuniões e supervisão. Um grande fator no planejamento do jogo é se choveu na semana passada ou não.

Por outro lado, cada onda que um surfista vê é a primeira e a última de seu tipo. Ela nunca aconteceu antes e nunca acontecerá novamente.

O golfe é uma jornada infinita e assintótica em direção à perfeição elusiva.

Já o surfe é sobre navegação. Uma piscina de surfe com ondas repetidas pode ser útil para treinar, mas não é surfar. O surfe é o trabalho liminar de transição.

É difícil surfar com um taco de golfe.

64. Cuidado com o Trapaceiro

O liminar contém mais do que mudança e incerteza. Também está cheio de sombras e becos sem saída. Por essa razão, ele pode atrair pessoas que não estão em busca de significado, mas exatamente o oposto. Susan Beaumont nos adverte para ficarmos atentos aos trapaceiros:

"Figuras perigosas que parecem líderes carismáticos, mas são incapazes de viver bem em comunidade. Os trapaceiros promovem confusão e caos ao semear discórdia. O trapaceiro é mestre em colocar as pessoas umas contra as outras. As pessoas confundem a energia do trapaceiro com direção de liderança. Trapaceiros não podem confiar nem ser confiáveis. São incapazes de dar, compartilhar ou participar adequadamente de um processo democrático. Seus comportamentos são quase sempre egoístas e eles carecem de compromissos profundos com o bem-estar da organização."

O envolvimento na jornada, juntamente com uma adoção da cultura e estruturas da organização, torna-se cada vez mais crucial à medida que a escala e o impacto do trabalho aumentam.

65. O Lintel e o Limen

Enquanto o limen é a pedra do limiar, aquele em que estamos demorando, o lintel atravessa o topo da porta, sustentando o telhado acima.

Às vezes, tememos bater a cabeça ao passar.

Enquanto o trapaceiro está lá para fazer a cabeça bater, o restante de nós muitas vezes está inseguro, com medo de pular muito alto, tentar demais, ou procurar uma onda que não conseguimos surfar.

O líder significativo sabe disso e trabalha para tornar a jornada não apenas possível, mas suficientemente atraente para que as pessoas a abracem com entusiasmo.

O que estamos pedindo às pessoas? Na Netflix, Reed Hastings não pediu a cada funcionário para reinventar como toda a indústria cinematográfica funcionaria. Em vez disso, ele e sua equipe dividiram o problema em muitos componentes menores, e então diferentes grupos assumiram a responsabilidade por cada parte.

Cada elemento do projeto era incrivelmente difícil, desafiando a estrutura de uma indústria esclerótica, felizmente presa em seus próprios caminhos, e também as leis da física, a estrutura da internet e os gigantes das telecomunicações.

Ninguém poderia ter construído o sistema de streaming da Netflix sozinho. Mas juntos, como você pode ver qualquer noite da semana, foi um projeto realizável.

O líder não precisa ser capaz de fazer cada elemento do projeto; eles simplesmente precisam descobrir como montar uma equipe que o faça.

66. O Trabalho Significativo é o Trabalho de Projeto

Um trabalho que é repetitivo, facilmente mensurável e consistente, presta-se à industrialização. A pressão é para torná-lo barato.

Mas quando pensamos nos momentos importantes em nossa vida profissional, pensamos em projetos.

Um começo, cheio de possibilidades. Um meio, com desafios e insights. E um fim agridoce, com pensamentos sobre o que fizemos e com quem fizemos, juntamente com ideias de como fazer melhor da próxima vez.

Isso pode ser tratar um paciente, colocar um novo prato no cardápio ou lançar uma nova empresa. A escala não é tão importante quanto o ritmo.

Precisamos da estabilidade que a consistência do dia a dia pode trazer. Mas encontramos significado nos projetos, grandes e pequenos.

67. O Trabalho a Ser Feito

Se o trabalho pode ser enfileirado, processado de forma padronizada e inspecionado em busca de defeitos, então ele se beneficia da gestão industrial.

Mas se o trabalho envolve novidade, inovação, discernimento, julgamento ou cuidado, então a gestão industrial é um substituto pobre para o engajamento, a habilidade e a liderança.

Que tipo de trabalho você precisa que seja feito?

O que fazemos não são *widgets*: nós tomamos decisões.

E a taxa de tomada de decisões continua a aumentar. Aumenta porque nosso tempo de resposta diminuiu, assim como o ciclo de nossos concorrentes. Todos estão em uma corrida, aumentando exponencialmente a taxa em que corremos.

Em vez de uma reunião semanal, temos um post no Slack que fica ali por apenas três minutos antes que alguém o responda. E assim que respondemos, nosso cliente ou concorrente responde também, criando a necessidade de outra decisão.

Um estúdio criativo pode produzir milhares de designs diferentes, vendidos para bilhões de pessoas, competindo com milhares de outras empresas de design. Cada nó na rede, cada batida do relógio, cada pessoa no fio leva a uma nova decisão.

Uma organização autocrática e centralizada não consegue acompanhar.

Sistemas abertos que se transformam em redes de líderes engajados sempre superarão a caixa de entrada FIFO.

68. Kathrin Jansen Salvou o Mundo

O virologista Paul Offit uma vez disse: “Quem pensa que as empresas farmacêuticas são malignas deveria passar um tempo com pessoas como Kathrin Jansen.”

Talvez um bilhão de seres humanos tenham sobrevivido à pandemia por causa do trabalho liderado por Jansen. Sua equipe de 650 pesquisadores, juntamente com equipes na Europa, América do Sul, Ásia e África, trabalharam juntas para criar uma vacina para a Covid em questão de meses. Isso é anos mais rápido do que qualquer outra vacina já foi criada.

"Ela é destemida ao assumir qualquer projeto que considere importante e não tem medo de se lançar e descobrir o que precisa ser feito", disse Edward Scolnick, ex-chefe de pesquisa da Merck. "Na indústria, nem sempre é assim, porque muitos projetos falham e as pessoas nesse ambiente se preocupam com seus empregos. Se serão rebaixadas, demitidas, preteridas. Ela simplesmente não pensa nisso."

Jansen anteriormente ajudou a criar a vacina mais vendida no mundo, a Prevnar 13, que previne doenças respiratórias em crianças e idosos. Ela também persistiu (diante de muito ceticismo) em liderar a equipe que desenvolveu a vacina contra o HPV, Gardasil, que acabará salvando milhões de pessoas do câncer.

Isso não é obra de uma cientista solitária, um gênio isolado em seu laboratório. Em vez disso, Jansen tem sucesso onde outros falharam ao conectar sua equipe, protegê-los da política, exigir dados rigorosos e de alta qualidade, e estabelecer compromissos e engajamento.

Cada vacina em que ela trabalhou enfrentou cancelamento quando os resultados não pareciam promissores. Muitas delas acabaram falhando.

"Quando você está realmente convencido de algo e tem a intuição de que pode estar no caminho certo", ela escreveu, "eu acho que é realmente importante se manter firme".

Assuma a responsabilidade e compartilhe o crédito. Özlem Türeci e Ugur Sahin são pioneiros na tecnologia de RNA mensageiro, trabalhando em uma empresa que não fazia parte da Pfizer. Eles sabiam quando buscaram Jansen que o crédito não seria um problema, que a colaboração era possível.

Algumas semanas depois, quando as primeiras variações da vacina estavam prontas para testes, o Dr. Mark Mulligan na NYU ofereceu sua instalação voluntariamente para ajudar a trazer o trabalho para testes públicos. Ele disse: "Eu trabalhei em vacinas para HIV/AIDS, Zika, Ebola — vacinas para pandemia de gripe. Então este é realmente o momento para nós entrarmos e dizer: 'Ok, vamos fazer isso. Vamos tentar fazer parte da solução.'"

Nas palavras de Jansen: "Podemos chamar isso de um milagre. Mas um milagre sempre tem uma sensação de que acabou de acontecer. Não acabou de acontecer. Certo? Foi algo deliberado."

69. "Meu Estômago Não Sabe que Meu Bolso Está Vazio"

Sathya Raghu Mokkapati cresceu no sul da Índia. Um dia, ele passou por um homem sentado às margens de um rio, comendo lama. Alarmado, perguntou ao homem por que ele estava fazendo aquilo.

As safras do agricultor haviam falhado. Como agricultor de pequena escala (a maioria dos agricultores tem terra suficiente apenas para se alimentar — cerca de três campos de futebol de área), o que significava que ele e sua família passariam fome.

Esse encontro levou Mokkapati a embarcar em uma jornada para fazer algo a respeito. Isso exigiu a cooperação de pesquisadores em seis países, juntamente com as contribuições e inovações de dezenas de agricultores na Índia, além de financiadores em Nova York, São Francisco e ao redor do mundo.

Juntos, eles criaram a Kheyti, uma estufa simples e eficiente. Os resultados são surpreendentes. As plantas em suas estufas requerem 98% menos água. O rendimento é sete vezes maior. A renda dos agricultores dobra, e o custo é surpreendentemente baixo. Uma nova tecnologia comprovada, fácil de ser escalada.

Damos crédito demais ao inventor solitário quando o que realmente muda o mundo são grupos de pessoas conectadas em projetos significativos.

A Kheyti não envolve uma descoberta técnica. É uma inovação em sistemas — a forma como os insumos e os resultados, os agricultores e as culturas, os fornecedores e os clientes escolhem trabalhar juntos.

O trabalho árduo foi estabelecer a rede certa, coordenar seus objetivos e descobrir quando dizer "Sim" ou "Vamos tentar novamente".

O trabalho em sistemas é o trabalho das pessoas.

70. James Daunt Salvou a Livraria

Exceto que ele não fez isso. Não sozinho.

Primeiro, ele salvou a Waterstones, uma das maiores redes do Reino Unido. E agora ele está salvando a Barnes & Noble. Em 2022, pela primeira vez em anos, a rede está abrindo novas lojas, e as vendas de livros estão aumentando.

Qual é o segredo?

"Agora os funcionários têm controle sobre suas próprias lojas", ele disse. "Espero que estejam gostando mais do trabalho. Eles estão criando algo muito diferente em cada loja."

Ele criou as condições para que as pessoas que se importam façam um trabalho do qual se orgulham. Recusou subornos de editoras e dinheiro de cooperação e desafiou os funcionários que amavam livros a escolher e promover as obras que amavam.

Isso é um exemplo de *estigmergia*. Não auto-organização, mas uma organização que se ouve, lidera junto e cria resiliência ao abraçar as margens, não apenas o centro.

As abelhas não são auto-organizadas. Elas são simplesmente organizadas, conscientes do que as outras abelhas estão fazendo e do papel de cada abelha na jornada da colmeia. Elas têm uma cultura de consciência entre pares, não de autoridade hierárquica. O mesmo acontece com todas as organizações humanas resilientes e descentralizadas.

Soa óbvio, mas é raro, porque significa abrir mão do sentimento de controle. Afinal, controlar uma cadeia de lojas que está fracassando também não é tão divertido assim.

71. Para Onde Vai a Água?

Ao remar uma canoa, você verá pequenos redemoinhos conforme o remo se move para trás e a canoa avança.

Então, quando você empurra a água para trás, para onde ela vai?

A resposta não é tão simples quanto parece. A água não pode voltar. Ela não pode voltar porque isso significaria que seu remo empurra essa água, que empurra aquela água, que empurra a outra água até a margem. Cada remada teria que mover 22 mil litros de água.

Na verdade, a água não vai muito longe.

Nós nos movemos.

A água é uma substância pesada, praticamente uma massa sólida. Usamos a água para impulsionar a nós mesmos e ao nosso barco para a frente.

Não mudamos muito o lago. O lago responde aos nossos esforços ao nos transformar.

72. Preenchendo as Lacunas

Quando Joni Mitchell estava gravando seu inovador álbum *Mingus*, ela trabalhou com Jaco Pastorius e Herbie Hancock. Herbie perguntou a Jaco se eles deveriam tocar a música como tinha sido escrita.

"Ela quer que você pinte. Isso é algo que você pode fazer, Herbie. *Pintar*."

Jaco e Herbie trouxeram genialidade para aquele disco. E Joni teve a coragem de deixar grandes lacunas para eles pintarem.

O trabalho de um líder de banda é encontrar músicos talentosos. E se você quer ser um músico talentoso, vale a pena encontrar um líder de banda que permita que você pinte.

Os Compromissos

É o medo secreto de não sermos dignos de amor que nos isola, mas é apenas porque estamos isolados que pensamos que não somos dignos de amor.

Gabrielle Zevin

73. Mutualidade É a Nova Forma de Trabalho

Uma organização que trabalha com significado precisa de funcionários engajados na jornada e dispostos a realizar esse tipo de trabalho. Por sua vez, os funcionários dispostos a isso precisam de uma organização que não volte a uma mentalidade de gestão industrial, sem considerar as pessoas que a construíram.

O dilema é óbvio. Não se pode ter um sem o outro, mas todos hesitam em dar o primeiro passo.

Dado que o número de pessoas que buscam se comprometer é muito maior do que o número de organizações dispostas a possibilitar esses compromissos, parece-me que a organização precisa dar o primeiro passo. Não apenas declarar os compromissos, mas honrá-los mesmo quando for difícil. Especialmente nesses momentos.

Ao mesmo tempo, os funcionários da organização precisam abraçar a jornada. Milhares de pequenos compromissos não parecem muito quando vistos individualmente, mas são uma viagem sem volta para o outro modo de fazer as coisas. A autonomia sempre vem acompanhada de responsabilidade.

Uma grande cozinha de restaurante não precisa de um *chef* inspecionando cada prato e cada ingrediente. A equipe está comprometida em garantir a qualidade do que é servido. Uma cozinha comandada por um controlador obsessivo pode brilhar por um tempo, mas inevitavelmente se apagará. Ou a equipe comprometida e qualificada encontrará uma cozinha que os respeite, ou cederá ao microgerenciamento e perderá o interesse.

A insatisfação no trabalho é baseada em uma mentira. Aos trabalhadores são prometidos algo que costumava ser entregue: um senso de propósito — mas que não existe mais na maioria das organizações.

Quando reconstruímos o trabalho em torno do significado, mudamos a promessa. Exigimos que os chefes produzam um conjunto diferente de regras e convidamos os trabalhadores a trazerem expectativas, energia e comprometimento diferentes para seus empregos.

Muitos empregos permanecerão industriais. Sempre haverá empregos (e organizações) com trabalhos que só podem ser realizados por meio de gestão e conformidade hierárquica. Eles não vão desaparecer.

Mas não devemos fingir que todos os empregos precisam ser assim, nem devemos incentivar as pessoas a aceitar um emprego industrial acreditando que isso satisfará sua alma.

Sejamos realistas, ou não vamos jogar.

74. Os compromissos do Significado

- Estamos aqui para fazer a mudança acontecer;
- Agimos com intenção;
- Vale a pena investir na dignidade;
- Tensão não é o mesmo que estresse;
- Erros nos fazem evoluir;
- Assuma a responsabilidade, dê crédito;
- Critique o trabalho, não o trabalhador;
- Rotatividade é aceitável;
- Espera-se respeito mútuo;
- Faça a leitura necessária;
- Fazer por vontade própria em vez de por obrigação;
- Padrões em vez de obediência;

- Mostre o seu trabalho;
- Faça melhorias;
- Celebre habilidades reais.

75. Estamos Aqui para Fazer a Mudança Acontecer

Se houver um novo produto, um anúncio ou até mesmo uma reunião, precisamos ter clareza sobre o porquê.

Nosso trabalho é criar uma mudança, apresentar algo que tenha valido o esforço. O lucro pode ser um resultado do trabalho, mas não é a única maneira de medi-lo.

Nomeie a mudança. Seja claro sobre quem, por que e como.

Porque a mudança é a métrica, precisamos reconhecer o "quem". Não podemos (e nem queremos) mudar todos, então "Para quem é isso?" é uma pergunta que nos sentimos confortáveis em fazer.

Se continuarmos medindo as coisas erradas, continuaremos obtendo as coisas que não queremos.

76. Agimos com Intenção

Em vez de "Estou apenas fazendo meu trabalho" ou "Isso é o que o chefe quer?", estamos comprometidos em agir com intenção em nossas decisões, métricas e interações.

Cada reunião deve durar exatamente o tempo necessário para cumprir a intenção da reunião. E se uma reunião não tiver uma intenção, ela deve ser cancelada.

Comportamentos que prejudicam a missão da organização tendem a desaparecer se formos obrigados a anunciar nossas intenções.

77. Vale a Pena Investir na Dignidade

Mais do que um aumento salarial, as pessoas buscam um lugar para pertencer. Um lugar para ver e ser visto, para realizar seu trabalho de uma forma que tenham orgulho.

Quando um CEO usa seu poder por diversão, quando um valentão no escritório reforça status por motivos egoístas, quando o trabalho é despersonalizado, nós tiramos a dignidade das pessoas.

E então o significado murcha e morre.

Os industrialistas neoliberais do livre mercado e em busca de lucro abraçam a brutalidade em prol de uma métrica simples. Eles argumentam que o mercado acaba servindo mais pessoas quando aqueles que se colocam no caminho das forças de mercado são ignorados ou substituídos. Mas essa análise deixa de compreender o valor fundamental do compromisso e da contribuição humana.

Quando as pessoas se sentem vistas e têm a oportunidade de fazer a diferença, muitas vezes elas o fazem.

Apoiar a dignidade humana vai além de uma obrigação moral. É também uma vantagem competitiva.

78. Tensão Não É o Mesmo que Estresse

O estresse é o sentimento infeliz de querer duas coisas ao mesmo tempo. Ficar e ir embora. Falar e recuar. Terminar *isso* e terminar *aquilo*. Quando estamos estressados, o cérebro compromete nosso bem-estar e é improvável que encontremos fluidez, alegria ou significado.

Mas tensão? Tensão é o sentimento que nos faz evoluir. Tensão é um sintoma da Resistência de Pressfield. Tensão é uma contagem regressiva, um prazo ou um orçamento. Tensão é o processo de encontrar uma resposta para um enigma ou a pergunta que abre uma possibilidade.

Sabemos como aliviar a tensão. Podemos fazer isso com tranquilidade, tempo e segurança. Podemos mimar nossos convidados, flexibilizar nossos requisitos ou nos contentar com o padrão médio.

Mas a tensão sempre acompanha a mudança, e a mudança é a marca do significado.

A tensão é boa. É um sinal de que descobrimos algo.

E é uma ferramenta. Podemos usá-la para fazer a mudança acontecer.

79. Erros nos Fazem Evoluir

Tomamos decisões. Encontramos problemas e os solucionamos. Enviamos o trabalho e fazemos a mudança acontecer.

Nada disso é predestinado, nada está no manual, e nada foi feito antes.

E é justamente por isso que é valioso.

O pioneirismo está no cerne da criação com significado, e encontrar o caminho é a maior parte do trabalho, até que o caminho evidente se revele.

Isso não significa que sejamos descuidados. Na verdade, é exatamente o oposto. Há um rigor nessa exploração, uma maneira não aleatória de explorar o possível.

E isso não significa que o que enviamos é uma porcaria. Podemos cometer erros juntos, muitas vezes sozinhos, enquanto estamos testando, medindo e melhorando.

Nós podemos enviar o trabalho, do qual nos orgulhamos, e o entregamos às pessoas que se importam para recomeçarmos.

Se você não está cometendo erros, não está se esforçando o suficiente.

UMA OBSERVAÇÃO SOBRE AS ABELHAS BATEDORAS

Quando uma colmeia enxameia, mais de 10 mil abelhas se reúnem em uma bola compacta. Elas têm cerca de três dias (dependendo do clima) para encontrar uma árvore oca ou outro abrigo adequado para abrigar a nova colmeia.

Assim que o enxame pousa, centenas de abelhas são enviadas para explorar. Elas podem cobrir cerca de oitenta quilômetros quadrados de território em uma tarde.

Cada abelha-operária batedora visita apenas alguns locais até encontrar um que valha a pena informar à colmeia. A abelha batedora retorna e dança para as outras abelhas, indicando, através de movimentos, o quão animada está e dá instruções precisas sobre o local.

Em questão de minutos, várias outras abelhas visitarão o local e voltarão com suas opiniões.

Após um dia ou dois, as abelhas batedoras terão visitado centenas de locais. Mas nenhuma abelha terá visitado todos eles. E então a colmeia, de forma unânime, selecionará um local e, em um enxame, se mudará.

Quase todas as abelhas batedoras visitaram locais que não eram ideais e não foram escolhidos. Mas nenhuma delas cometeu um erro imperdoável. Na verdade, foram todas as visitas aparentemente desperdiçadas que levaram à sobrevivência da colmeia.

E a decisão da colmeia, embora unânime, pode não ter sido perfeita. Mas a perfeição não é o objetivo. O objetivo é encontrar uma boa colmeia no tempo disponível.

80. Assuma a Responsabilidade, Dê o Crédito

As forças por trás da coerção e do controle do trabalho industrial se deleitam com o organograma e a autoridade formal.

Você gerencia pessoas dizendo a elas o que fazer, e pode dizer a elas o que fazer porque seu chefe lhe deu autoridade para isso.

Mas o organograma é frágil. E ele pode criar três problemas:

1. Pessoas que estão apenas fazendo o próprio trabalho podem acabar fazendo coisas horríveis. Quando pedimos aos funcionários para suspender seu próprio julgamento e simplesmente fazer o que o chefe diz, estamos confiando em uma pessoa com poder para controlar os outros.
2. A negação de "apenas seguindo ordens" nem sempre se trata de cometer um crime. Pode ser um avião preso na pista por horas, com pouca atenção dada aos passageiros, ou uma empresa que simplesmente espera, silenciosamente, pelo gerente dizer o que fazer.
3. A tomada de decisão centralizada geralmente é lenta e ineficaz quando se trata de oferecer ação e soluções para as necessidades locais e descentralizadas dos clientes, especialmente em ambientes de rápida movimentação. Se os funcionários não puderem agir sem orientação, não agirão sem orientação.

A alternativa é criar uma cultura baseada na responsabilidade. A maioria das organizações está disposta a oferecer responsabilidade a qualquer pessoa disposta a assumi-la, mas todos nós precisamos aprender a incentivar melhor a liderança e ação positiva, independentemente do cargo ou nível hierárquico no organograma.

E o complemento da responsabilidade é dar crédito de forma incansável. Quando oferecemos aos outros a chance de brilhar, eles têm mais probabilidade de se conectar, se engajar na jornada e participar da próxima oportunidade de fazê-lo.

81. Critique o Trabalho, Não o Trabalhador

É fácil dizer, mas surpreendentemente difícil de fazer.

Desde a infância, a crítica é personalizada. Leva paciência e sabedoria para separar o projeto em frente a nós da pessoa que o criou, e o atalho de ataques pessoais é muito comum. Como resultado, hesitamos em entregar o trabalho, responder ao trabalho dos outros e, acima de tudo, buscar mais feedback. O feedback parece crítica, e a crítica parece fatal.

A questão é que o feedback é um presente. O feedback transformado em crítica generosa e útil é inestimável.

Organizações que entendem como melhorar o trabalho sem minar o trabalhador criam mais valor.

Em um ambiente de trabalho tradicional, feedback e crítica são uma ameaça. Não é de admirar que tenhamos medo do chefe, da reunião semanal e da reação na reunião! Se a crítica está a um passo da demissão (ou simplesmente sentir que poderíamos ser demitidos), evitar a crítica é um instinto natural.

Somos doutrinados desde cedo a evitar ativamente o feedback. Mantenha a cabeça baixa e tudo ficará bem.

Mas o feedback que realmente importa está no mercado. Se criamos algo que funciona para nossos clientes, temos a chance de fazê-lo novamente.

Dirigir um carro sem feedback é impossível. Você precisa sentir a estrada, ver o meio-fio, perceber que ultrapassou a linha amarela.

E o mesmo vale para o trabalho de fazer mudanças em nome dos outros. O feedback — do mercado e de nossos colegas — é a única maneira de melhorar.

Mas um feedback útil não é o mesmo que uma crítica pessoal. Nos importamos com a mudança que é produzida, não com quem fez o trabalho.

82. A Rotatividade É Aceitável

Industrialistas sempre lutaram contra a rotatividade. Eles não querem que os funcionários procurem um emprego melhor, que sigam para outros projetos ou até mesmo que acreditem ter a capacidade de pedir mais. Eles concordam com demissões quando depende deles. Mas se alguém, especialmente uma estrela em ascensão, sair por conta própria, isso ameaça seu poder.

Além da perda de controle, quando alguém sai, o chefe vê todo o treinamento e experiência indo embora.

Uma proibição moral contra a rotatividade aumenta o poder do gerente industrial, dando-lhe mais alavancagem e influência quando busca conformidade.

Assim, acabamos criando uma cultura em que um trabalhador precisa explicar por que tem muitos empregos em seu currículo. Onde o chefe imperioso pode criticar os funcionários à vontade, mas não se espera que um funcionário se defenda (ou defenda seus colegas).

Mas a economia dos "bicos" mudou isso. Quando os gigantes industriais romperam o contrato social e pararam de oferecer empregos de longo prazo, os funcionários responderam assumindo o controle. Freelancers e trabalhadores temporários descobriram que podem construir uma carreira que não está ligada aos caprichos de um único chefe.

Se o significado requer a participação mútua na jornada, se tanto os trabalhadores quanto os chefes precisam estar ativamente envolvidos na produção de valor, então a rotatividade é realmente essencial.

Se este ônibus não está indo para onde você quer ir, agora é um ótimo momento para descer.

A alternativa são funcionários insatisfeitos ou uma cultura de atividades inúteis, proteção de território e permanência.

Uma pandemia mundial nos lembrou que tudo é um projeto, cada dia é precioso e só teremos o amanhã uma vez.

Se já estamos vivendo em uma cultura de "bicos", é produtivo abraçá-la. Podemos dizer à nossa equipe: "Junte-se a nós se funcionar para você, saia quando não funcionar. E se você sair com mais conhecimento do que quando chegou, é um sintoma de que trabalhamos bem juntos."

Incentivar os funcionários a manter seus perfis no LinkedIn e seus currículos atualizados garante que eles façam parte da equipe voluntariamente, não porque acreditam que não tenham opções.

83. O Respeito Mútuo É Esperado

O respeito não é uma exceção. Não é reservado para os melhores desempenhos. Ele não é suspenso quando há um trimestre difícil ou uma emergência de envio.

Os valentões não são bem-vindos, pois o bullying mata a conexão.

Todos da equipe, todas as partes interessadas, todos os clientes, até mesmo os clientes difíceis, têm o benefício da dúvida. Cada pessoa com quem interagimos começa com a expectativa de que ela seja digna do nosso respeito. E o inverso também é verdadeiro: cada membro da equipe tem o direito de ser respeitado por aqueles com quem escolhemos trabalhar.

Quando um cliente, investidor ou chefe escolhe ignorar esse princípio, eles escolheram se excluir da nossa canção do significado.

Uma instituição não pode servir ou colaborar com aqueles que se recusam a oferecer respeito em reciprocidade.

O significado é uma escolha. E ele é construído sobre o respeito.

84. Ter o Privilégio de Fazer vs. Ter que fazer

Em 2022, após um ano de planejamento, Justin Fornal fez algo extraordinário.

Ele se jogou em água que mal chegava a um grau Celsius e nadou mais de onze quilômetros através do Estreito de Nares, entre o Canadá e a Groenlândia.

Sua comida havia apodrecido na viagem. Seu único salva-vidas, remando um caiaque dobrável, quase virou devido à proximidade de grandes blocos de gelo. Seu traje de mergulho estava congelado e as placas de gelo atrapalhavam cada braçada.

E, mesmo assim, ele nadou.

Não porque era seu trabalho, mas porque era sua escolha.

A oportunidade de um trabalho significativo é partir porque podemos, não porque somos ordenados a fazê-lo. É nos engajar na jornada e assumir a responsabilidade pelo que acontece em seguida com entusiasmo.

Quando um regime de obediência, conformidade e "ter que fazer" entra em cena, nossas razões para nos importarmos evaporam. Em vez disso, estamos defensivamente tentando fazer o mínimo para evitar repreensão, não abraçando o que poderia ser possível.

85. Padrões em vez de Obediência

É improvável que possamos consistentemente criar um trabalho significativo sem padrões. Precisamos de referências externas consistentes, mensuráveis e confiáveis de qualidade. Podemos estabelecer expectativas para nosso trabalho e alcançá-las.

Mas isso não é o mesmo que obediência. Obediência é pessoal, baseada em status e inconsistente. Obediência é um fim em si mesma, uma maneira para o chefe garantir que os funcionários façam tudo o que lhes é dito, independentemente da importância.

Quando fazemos o trabalho quando o chefe não está olhando, estamos seguindo padrões. Mas se nosso comportamento muda quando estamos sob vigilância, é simplesmente porque fomos pressionados a tolerar o desempenho da obediência.

Obediência trata da paixão ou poder do gerente. Padrões giram em torno dos valores da instituição.

> *Seguir sua paixão é um luxo. Seguir seus valores é uma necessidade.*
> *Paixão é um ímã volúvel: ela te atrai para seus interesses atuais. Valores são uma bússola constante: eles te direcionam para um propósito futuro.*
> *Paixão traz alegria imediata. Valores proporcionam um significado duradouro.*
>
> ADAM GRANT

86. Faça a Leitura

Se você não está tomando decisões, há pouco sentido em entender os sistemas, as entradas e os pontos de alavancagem envolvidos no seu trabalho. Você pode simplesmente fazer o que lhe mandam.

A ignorância ingênua pode ser uma medalha de honra para o funcionário obediente. "Eles não me pagam para pensar."

Há benefícios na ignorância cuidadosa. Afinal, se você não está pensando, então você não tem responsabilidade real por suas ações.

Em uma organização baseada em significado, porém, cada pessoa é um componente vital, acrescentando visão humana, cuidado e comprometimento ao trabalho em questão. Nesse ambiente, não há espaço para alguém simplesmente obediente.

À medida que fazemos mudanças, as regras são alteradas e as mudanças se acumulam. Uma parte fundamental do trabalho é fazer a leitura e entender as forças envolvidas. Não apenas ler um livro, mas entender as preocupações dos outros. Tudo foi documentado, compartilhado e analisado.

Na Automattic, a casa do WordPress, o fundador Matt Mullenweg diz que eles têm uma cultura de "leitura e escrita". Uma equipe totalmente distribuída, pouquíssimas reuniões e muito poucos e-mails particulares 1:1.

Em vez disso, espera-se que você entenda o que foi feito antes, leia a conversa, contribua para as conversas escritas e tome decisões.

Em troca, você obtém autonomia, respeito e significado.

87. Mostre o Seu Trabalho

O próximo passo após fazer a leitura é mostrar o seu trabalho, para que os outros possam ler e aprender.

Durante as lendárias duas décadas em que a Hewlett-Packard passou de dois homens em uma garagem para uma líder em tecnologia, o protocolo padrão era: deixe o seu trabalho e seus cadernos abertos na mesa quando sair à noite.

A sua opinião não é tão importante quanto o modo como você chegou à sua decisão. O seu status na hierarquia não importa se você não pode nos mostrar o seu trabalho.

Ao declararmos claramente as nossas intenções, métodos e medidas, pode parecer que estamos expondo-nos a críticas. Na verdade, estamos apresentando o nosso trabalho para melhorias, o que é completamente diferente. Quando o seu trabalho melhora, a sua reputação também melhora — e com ela, as suas opções e o seu status.

Nós não entramos em um avião ou passamos por uma ponte simplesmente porque alguém no poder nos assegurou que era seguro. Fazemos isso com prazer porque a cultura da engenharia exige que os engenheiros compartilhem o seu trabalho e a forma como o fizeram.

Se você está construindo algo, por que evitar a chance de construir melhor?

88. Faça Melhorias

Estudos mostram que, quando perguntamos às pessoas, em qualquer lugar do mundo, "Como isso poderia ser diferente?", mais de 90% dos entrevistados sugerem algo para torná-lo melhor.

Aperfeiçoar as coisas está em nossa natureza. Independentemente de termos projetado elas mesmas, ou talvez precisamente porque não as projetamos.

Existem três passos simples:

- Faça a leitura;
- Envie a melhoria;
- Mostre o seu trabalho.

Uma vez que estejamos claros sobre o objetivo do projeto, temos a chance de torná-lo melhor. Não compartilhando a nossa opinião, não exercendo o nosso status na hierarquia, mas mostrando maneiras de melhorar objetivamente o trabalho existente.

É assim que as cadeias incrementais de melhoria começam e continuam.

Se você encontrar um lixo no chão, pegue-o. Porque você pode.

89. Celebre Habilidades Reais

Persistimos em contratar e treinar como se estivéssemos gerenciando um time de boliche, como se habilidades facilmente mensuráveis fossem tudo o que importa.

O que faz organizações bem-sucedidas falharem? O que faz ações perderem valor, inovações diminuírem e clientes abandonarem o barco?

Podemos concordar que certas habilidades são essenciais. Contratar programadores que não sabem programar, vendedores que não sabem vender ou arquitetos que não sabem projetar é um desperdício. Mas essas habilidades — vamos chamá-las de habilidades vocacionais — se tornaram a espinha dorsal do processo de recrutamento.

Mas como explicar que organizações semelhantes, com pessoas igualmente habilidosas vocacionalmente, encontram resultados muito diferentes?

A maioria dos livros didáticos que os estudantes encontram e as provas que fazem são sobre habilidades vocacionais, as caixas que precisam ser marcadas para conseguir um emprego. Ao definir erroneamente "vocacional" e se concentrar nessas habilidades supostamente essenciais, diminuímos o valor das outras habilidades que importam.

Damos pouca importância às outras habilidades quando as chamamos de "*soft*" (suaves) e insinuamos que são opcionais.

O que realmente diferencia organizações prósperas das que lutam são as atitudes, os processos e as percepções difíceis de mensurar das pessoas que realizam o trabalho.

A cultura derrota a estratégia todas as vezes. Habilidades mensuráveis sem atitudes produtivas não valem muito.

E ainda assim...

Organizações gastam muito tempo mensurando as habilidades vocacionais porque elas podem. Porque há cem anos de história. E, principalmente, porque é seguro. Não é nada pessoal, são apenas negócios.

Sabemos como medir a velocidade de digitação. Temos muito mais dificuldade em medir paixão ou comprometimento.

As organizações fornecem feedback diário sobre a produção de habilidades vocacionais e deixam o resto para a avaliação anual, se é que o mensuram.

E as organizações contratam e demitem com base na produção de habilidades vocacionais o tempo todo, mas praticamente precisam de uma decisão do conselho para se livrar de um pensador negativo, um valentão ou um preguiçoso (se ele for bom em algo mensurável).

Se você está se perguntando por que as oportunidades que você busca não estão se concretizando, pode valer a pena olhar atentamente não para as habilidades que são fáceis de medir, mas para aquelas que são importantes de ter.

Vamos Cair na Real

Novas Habilidades para uma Nova Forma de Trabalho

Você tem o dom, mas parece que está esperando alguma coisa.

Oráculo

90. Habilidades Reais São um Caminho ao Sucesso

Se um funcionário da sua organização levasse um notebook novinho para casa, você faria com que ele fosse preso ou, pelo menos, demitido. Se o seu contador estivesse desviando dinheiro todos os meses, você faria a mesma coisa.

Mas quando um funcionário desmoraliza a equipe e mina um projeto, ou quando um membro da equipe se desinteressa e não contribui, ou quando um valentão faz com que futuros talentos deixem a organização — muitas vezes encolhemos os ombros e dizemos que essa pessoa tem estabilidade garantida, ou habilidades essenciais, ou que não é tão ruim assim.

Mas eles estão nos roubando.

O "nós" é a palavra-chave.

Não o chefe, não a empresa. Mas todos. Uma vez que concordamos em ser realistas, o trabalho muda. Começa celebrando, amplificando e recompensando as habilidades reais como um padrão para todos.

91. O que Podemos Ensinar?

James Clear escreve sobre László Polgár, que ensinou suas três filhas a jogar xadrez no mais alto nível. Claramente, o xadrez é uma habilidade, não apenas um talento com o qual alguém nasce.

Habilidades profissionais *podem* ser ensinadas: você não nasce sabendo engenharia, redação publicitária ou design gráfico, portanto, devem ser algo que podemos ensinar. Mas nos eximimos da responsabilidade quando se trata de tomada de decisões, participação entusiasmada, lidar com o medo, falar com autoridade, trabalhar em equipe, enxergar e falar a verdade, inspirar outras pessoas, fazer mais do que nos é pedido, se importar e estar disposto a mudar as coisas.

Investimos pouco nesse treinamento, com medo de que sejam características inatas e que não possam ser ensinadas. Talvez sejam talentos. E, assim, minimizamos sua importância, chamando-as de *soft skills*, e acabamos passando para algo aparentemente mais urgente.

Em grande escala, as organizações prestam menos atenção às *soft skills* ao contratar porque nos convencemos de que as habilidades profissionais são impessoais e mais fáceis de medir. Se é mais fácil testar, parece mais importante na hora de selecionar nossa equipe.

E demitimos lentamente (e raramente treinamos) quando essas habilidades estão ausentes, porque tememos pisar em ovos, sermos criticados por levar para o lado pessoal ou possivelmente desperdiçar tempo com uma causa perdida.

Mas todas essas habilidades podem ser aprendidas, assim como xadrez ou digitação. Nós as aprendemos acidentalmente, por osmose, pelas colisões que temos com professores, pais, chefes e o mundo. Mesmo que sejam mais difíceis de medir, isso não significa que não possamos melhorá-las, praticá-las ou mudar a forma como fazemos nosso trabalho.

Claro que podemos. Vamos parar de chamá-las de *soft*.

São habilidades interpessoais. Habilidades de liderança. Habilidades de carisma, diligência e contribuição. Mas esses modificadores, embora precisos, de alguma forma as afastam das habilidades profissionais, as habilidades para as quais realmente contratamos, as habilidades que mensuramos em um diploma de graduação.

Então, vamos desconfortavelmente chamá-las de *real skills*, ou habilidades reais.

Reais porque funcionam, porque estão no cerne do que precisamos hoje.

Reais porque, mesmo se você tiver as habilidades profissionais, você não nos ajuda sem essas habilidades humanas, coisas que não podemos escrever ou programar um computador para fazer.

As habilidades reais não substituem as habilidades profissionais, é claro. O que elas podem fazer é ampliar o que você já está mensurando.

Imagine um membro da equipe com todas as habilidades profissionais tradicionais: produtivo, habilidoso, experiente. Um currículo que possa comprovar isso.

Essa é uma boa base.

Agora, adicione a isso: perceptivo, carismático, motivado, focado, estabelece metas, inspirador e motivado. Generoso, empático e consistente. Um ouvinte atento, com paciência.

O que acontece com sua organização quando alguém assim se junta à equipe?

92. Trabalho a Ser Feito

Escrevendo no *Harvard Business Review*, Lou Solomon relata que 69% dos gerentes se sentem desconfortáveis em se comunicar com seus funcionários. Eu arriscaria dizer que muitos dos outros 31% estão mentindo.

A comunicação com funcionários é desconfortável porque dificultamos ao construir sistemas de conformidade e dominação. Pedimos às pessoas que deixem a humanidade na porta e, então, usamos a autoridade para mudar seu comportamento. Sobrepomos ganância corporativa e pensamento de curto prazo ao desejo humano de criar um trabalho que faça diferença.

Como construímos organizações centradas nas pessoas enquanto aceitamos que dois terços de nossos gerentes (presumivelmente bem remunerados, bem treinados e essenciais para o sucesso) se sintam tão desconfortáveis em fazer uma parte essencial do trabalho que admitem isso a um estranho?

Em uma pesquisa recente, o Graduate Management Admission Council relatou que, embora os MBAs fossem fortes em aptidão analítica, conhecimento quantitativo e coleta de informações, eles estavam seriamente carentes em outras áreas críticas que os empregadores também consideram atraentes: pensamento estratégico, comunicação escrita e oral, liderança e adaptabilidade.

Essas áreas são mutuamente exclusivas? Devemos trocar uma pela outra?

A base de todas as habilidades reais é esta: a confiança e a permissão para conversar uns com os outros. Não para gerenciar, diminuir, intimidar ou controlar. Apenas para buscar ser compreendido e compreender.

Uma vez que as pessoas compreendam, elas podem se juntar à jornada ou não. Elas podem se inscrever ou se afastar.

Mas primeiro devemos ser claros sobre o trabalho a ser feito e como interagiremos em torno disso.

93. O Poder de um Coach Confiante

A mentalidade de coaching, como destaca o autor Michael Bungay Stanier, é pautada na confiança mútua e na comunicação direta.

Um coach confiante não se preocupa em perder um cliente, atleta ou aluno. Ele se concentra em servi-los com clareza e encorajamento. Cria momentos de desconforto em prol de uma vida de capacitação e possibilidade.

Um coach de carreira eficaz tem uma tremenda vantagem sobre a maioria dos gestores porque o engajamento do cliente é voluntário. O cliente se inscreveu para o coaching e está pagando e participando porque deseja alcançar algo.

Essa postura receptiva está disponível para qualquer um que escolha liderar. O coach não está fazendo o trabalho, o cliente está. Não é fácil, mas é simples. O engajamento no processo de desenvolvimento abre a porta para que a mudança aconteça.

Empresas como Shopify e Automattic têm normalizado o coaching ao torná-lo parte do trabalho. Desde que o engajamento emocional esteja presente, a confiança virá.

Não precisamos de um coach tanto quanto precisamos querer ser orientados.

94. Harry Brighouse Está te Chamando

Ele é um professor de filosofia e suas aulas são transformadoras.

Décadas atrás, uma aluna disse a ele que se matricularia em uma faculdade de direito. O motivo? Porque, como vemos na primeira cena do filme *O Homem Que Eu Escolhi*, os professores fazem chamadas surpresa. Sem aviso prévio, a qualquer momento, qualquer aluno pode ser chamado para falar.

Sua aluna se sentiu atraída porque significava que, em toda aula, todos estavam preparados, ouvindo e fazendo parte da experiência em sala de aula. Como resultado, ela aprenderia mais. Ela queria estar em uma sala com pessoas que também queriam estar ali.

A partir dessa inspiração, Brighouse decidiu incorporar as chamadas surpresa (que ele chama de "chamadas acolhedoras") em suas aulas de graduação em pequenos grupos.

Sua chamada surpresa não é uma surpresa, ameaça ou truque.

É uma característica. É parte do motivo para fazer a aula. Porque você tem a chance de estar cercado por pessoas tão motivadas e conectadas quanto você busca ser.

95. Bullying Autocrático Não É Engajamento

Al Dunlap obteve ótimos resultados nas ações cortando funcionários e pressionando as pessoas sem piedade. Até que não obteve mais.

Jack Welch era um queridinho de Wall Street, notavelmente demitindo 10% de cada grupo executivo todos os anos, enquanto manipulava o preço das ações década após década. Ele afirmava que estava sempre demitindo os "piores desempenhos", mas, na verdade, estava criando uma cultura de medo. Depois que ele saiu da GE, a empresa se tornou uma sombra do que era antes e logo começou a desaparecer.

O alívio do sobrevivente raramente leva a uma poderosa inovação e resiliência. É apenas um atalho que só funciona quando o mundo permanece o mesmo. "As punições continuarão até que a moral melhore" nunca foi um bom slogan.

Dizer às pessoas o que fazer não é o mesmo que comunicar juntos para construir sistemas resilientes e poderosos.

96. Liderança e Dissidência

Quantas pessoas gritando "Fogo!" podem estragar sua experiência no cinema?

Não há necessidade de dar um megafone para cada pessoa que aparece na comunidade. Os trolls não precisam ser amplificados.

Isso não significa que o feedback não possa existir. Na verdade, o significado requer que líderes e toda a comunidade criem condições para melhorias, e o melhor vem do feedback.

A oportunidade está em ser claro sobre o objetivo. Se você disser: "Este ônibus está indo para Oxford", isso abre uma discussão e as pessoas podem sugerir que você perdeu a saída, que está dirigindo para o lado errado da estrada ou que está atrasado.

No entanto, não há tempo nem espaço para alguém se queixar ou reclamar por estarmos indo para Oxford. O sinal é claro, a promessa é específica. Seja realista ou não participe.

Em contraste direto com isso, um líder autocrático não está aberto a ideias sobre como chegar a3o destino; ele está simplesmente procurando conformidade e obediência.

Uma organização significativa está alinhada em cultura e em metas, e o resultado é que todos nós acabamos avançando mais e mais rápido do que qualquer um poderia sozinho.

97. Profissionais Dizem Não

O trabalho orientado por tarefas é doutrinado a simplesmente pedir detalhes. Faça isso de forma rápida e barata.

Um profissional, porém, traz discernimento e reputação para o trabalho. Se eles não se manifestam, então sacrificaram a expertise e a autoridade que tanto trabalharam para conquistar. Quando um profissional discorda, altera o plano ou se recusa a seguir em frente, está realizando o difícil trabalho de ser um profissional.

Se pedimos aos nossos líderes para falar claramente e descrever o caminho adiante, temos que retribuir sua franqueza envolvendo-nos na jornada ou escolhendo nos abster.

98. O Risco de Ouvir

Nosso objetivo ao promover mudanças com o trabalho é ajudar clientes e colegas a se tornarem o que desejam. Isso requer empatia.

Empatia para perceber que os outros não sabem o que sabemos, não desejam o que desejamos nem veem o que vemos.

E empatia para entender que o trabalho que fazemos não é para nós, mas para outra pessoa.

É possível para um homem de meia-idade trabalhar em uma empresa de meias-calças, para um adulto projetar brinquedos para crianças e para um oncologista em perfeita saúde ajudar um paciente com câncer.

Podemos falar e ouvir uns aos outros. Podemos aprender sobre os impactos que causamos e as mudanças que produzimos. Claro, isso parece arriscado. Isso nos coloca em evidência, torna o trabalho real e destaca a diferença entre o que esperávamos e o que realmente fizemos.

Nossos relacionamentos são resultado de nossa habilidade de ouvir. E quando ouvimos, conquistamos confiança e criamos conexão. Mas apenas se nos importarmos o suficiente para enfrentar nosso medo.

> *Quando ouvimos, estabelecemos uma relação — um acordo ao qual nos comprometemos. Nessa relação, aprendemos como viver em respeito recíproco com tudo que nos cerca, tanto o visível quanto o invisível. Devemos viver em um estado de relação ativa, não apenas recebendo, mas também retribuindo. Essa retribuição pode assumir forma literal ou se manifestar por meio de observação, aprendizado e interação delicada. Se ouvirmos, essas histórias sempre estarão disponíveis para nós. Todos ao nosso redor — plantas, animais, árvores, água, ar — são nossos pacientes e dispostos professores. Devemos permanecer abertos a esse conhecimento que é tão prontamente compartilhado conosco enquanto ouvimos.*
>
> Christine Luckasavitch, educadora algonquina e descendente de colonos

99. Clareza e as Palavras Não Ditas

Sonder é o nome dado a uma percepção que eventualmente atinge todos nós: outras pessoas têm barulho em suas cabeças assim como nós temos nas nossas.

E uma forma como lidamos com o *nosso* barulho é com as palavras que escolhemos dizer (ou não dizer). E uma forma como as pessoas lidam com o barulho *delas* é através de como escolhem ouvir as palavras que dizemos.

Achamos que estamos nos comunicando, mas, na realidade, não estamos. Frequentemente, um trabalho significativo exige que desenvolvamos mais empatia do que talvez estejamos confortáveis. Nossa compreensão pode não ser a mesma que a deles.

Podemos reconhecer que os outros não ouviram o que dissemos da maneira como dissemos. Ou perceber que talvez a pessoa com quem estamos interagindo disse algo diferente das palavras que temos certeza de que foram pronunciadas.

Parte do trabalho de ser real é reconhecer que estamos lidando com seres humanos, não escrevendo códigos de computador. Se pudermos concordar em ser claros, específicos e gentis em nossa linguagem, começamos bem. Se pudermos ir um passo adiante e concordar em dar a cada pessoa de nossa equipe o benefício da dúvida — e pedir esclarecimentos quando estivermos confusos — é muito menos provável que causemos dor, confusão ou simplesmente uma interrupção em nossa jornada. Pilotos desenvolveram uma linguagem muito específica para ser usada ao falar com a torre de controle. Ela funciona em qualquer aeroporto, em qualquer país, em qualquer lugar do mundo.

Concordar em ser claro é um bom ponto de partida.

100. A Tia Helen Era Firme

Baird Brothers, ou Irmãos Baird, é um próspero depósito de madeira de lei na região central dos Estados Unidos. É uma empresa familiar com mais de cem funcionários.

Porém, o nome é um pouco enganoso. Na verdade, a primeira geração do negócio era comandada por uma irmã, não um irmão.

A tia Helen criou as condições para que o negócio crescesse e prosperasse por mais de cinquenta anos. Ela contratou muitos dos trabalhadores que ainda estão lá. Ela estabeleceu uma cultura de participação, expectativas e importância que persiste muito tempo depois de ela ter deixado o local.

Sua sobrinha, Lori Baird, líder da empresa e da segunda geração, destaca que Helen era firme. "Cada parte disso é importante, e o trabalho de cada pessoa aqui é importante", dizia Helen.

O que há de firme nisso?

Helen não era firme. Ela era *razoável*. Ela deixava claro para cada funcionário que eles tinham um trabalho importante e que os padrões importavam. Ela explicava suas razões e persistia até que a promessa da organização fosse cumprida por cada pessoa que trabalhava lá. Clareza, honestidade e feedback direto.

Se você não podia fazer isso, ou se você escolhia não fazer isso, então não estava no lugar certo.

Significativo não precisa ser sinônimo de ser fraco ou sorridente. É um trabalho que vale a pena, claramente descrito.

Se não somos confiáveis, o que somos?

O Que Fazemos e Como Falamos Sobre Isso

Quase todos os homens podem suportar a adversidade, mas se você quer testar o caráter de um homem, dê-lhe poder.

Abraham Lincoln

101. O Que Produzimos É a Mudança

E a forma como a produzimos é tomando decisões.

Mas decisões são difíceis, porque estão sempre relacionadas ao futuro e sempre envolvem outras pessoas.

Há uma grande diferença entre o trabalho retrospectivo de melhoria de qualidade e a dança prospectiva de tomar decisões sobre o que acontecerá a seguir.

Se você não está disposto a produzir mudança, então realmente não tem opções. A redução de custos por meio da gestão industrial é seu único caminho adiante.

Nós construímos sistemas de melhoria gradual de classe mundial. A qualidade medida de carros, chips de computador e até mesmo entrega de pacotes durante a noite é impressionante.

Mas nossas organizações continuam a lutar com os saltos e as percepções de que precisamos para descobrir a próxima coisa. E uma razão pela qual lutamos é que não conseguimos falar sobre isso.

102. Você Não Pode Me Fazer Parar de Me Importar

Que tipo de pessoa se torna um médico?

Quando o terremoto atingiu o Haiti em 2010, Jodi Sagorin arrecadou dinheiro com amigos e voou para Porto Príncipe para ajudar.

Ela havia se formado recentemente no ensino médio. Assim que chegou, ela se conectou com talentos locais e os ajudou a iniciar um centro móvel de tratamento de hipertensão, e essa van ainda está em operação atualmente. Além disso, as bolsas de estudo de enfermagem que ela estabeleceu com o restante de sua arrecadação permitiram que profissionais locais dedicados aprendessem as habilidades necessárias para cuidar das pessoas na comunidade ao longo da vida.

Após anos de faculdade de medicina e treinamento, Jodi Sagorin é agora a melhor médica que conheço.

No entanto, sua paixão pelo serviço e conexão foi severamente testada pela indústria de saúde nos Estados Unidos, à medida que trabalha para transformar cada médico parte de uma indústria previsível que busca a produtividade. A indústria, como tantas outras, chegou à conclusão de que é pouco confiável e difícil depender de pessoas dedicadas e cuidadosas para realizar um trabalho significativo. Portanto, ela institucionaliza, mede e, acima de tudo, compartimentaliza o trabalho para que o trabalhador menos envolvido ainda não possa estragá-lo. A indústria não quer que os médicos façam mudanças, ela simplesmente busca atender às especificações.

Para os de fora, o médico cuidadoso e comprometido parece um sopro de ar fresco, mas a própria indústria não pode prosperar com apenas alguns desses, então ela busca atender mais pacientes por hora e trabalhar mais horas por semana. A matemática é mais fácil dessa forma. É mais confiável buscar o volume do que procurar pessoas que se importam.

Tenho quase certeza de que os pacientes de Jodi têm uma visão diferente sobre isso.

103. A Federação

Sistemas federados transformam problemas complicados em sistemas viáveis. Um sistema é um conjunto de regras e ferramentas de comunicação que nos permitem trabalhar em paralelo, criar valor e resolver um problema compartilhado.

Os três obstáculos que um sistema federado pode superar são:

- Uma vez que uma inovação envolve mais do que alguns elementos, ela se torna complexa.
- Problemas complexos parecem não ter solução.
- Quando uma equipe tem mais do que algumas pessoas, a comunicação se torna difícil.

A solução óbvia de curto prazo para problemas complexos e difíceis é um gerente poderoso assumir o controle e simplesmente dizer a todos o que fazer. E, de fato, isso funcionou para Robert Moses (que construiu mais estruturas visíveis do espaço do que qualquer outra pessoa na história) ou para vários ditadores agora falecidos.

Mas isso não dura e não é escalável. Eventualmente, a complexidade do problema, a fragilidade do método e as necessidades do invisível são demais para um único gerente — não importa o quão motivado ou brutal seja — superar.

A alternativa moderna é construir múltiplos sistemas que interagem entre si, já que eles avançam independentemente das ações de qualquer nó individual na rede.

Uma API é um método de programação que permite que engenheiros de software escrevam código que interaja com sistemas maiores, sem permissão ou autoridade especial do sistema maior. Na Automattic, eles dizem que API significa "assumir intenção positiva".

Você pode enviar um e-mail ou uma carta, ou usar um cartão de crédito sem que todos que construíram os sistemas subjacentes tenham conhecimento da sua existência. Você apenas segue as regras (tem o tipo certo de cabeçalho no seu software, usa o tipo certo de selo) e está trabalhando dentro do sistema. Ou talvez, o sistema esteja trabalhando para você.

Por exemplo, há uma API metafórica em funcionamento ao trazer este livro para você. Impressoras, editores, distribuidores, estoquistas, engenheiros de gravação, gerentes de inventário — todos eles fazem parte de um sistema semiaberto que pode se unir usando certas regras para produzir algo e entregá-lo a um cliente. Não há controle centralizado, nenhuma autoridade singular para dizer sim.

A API aberta nos permite criar uma federação, um sistema intencional de benefício mútuo que é muito mais resiliente do que uma autoridade controlada centralmente poderia ser.

Tradicionalmente, vemos esses tipos de sistemas abertos acontecendo fora da organização, com a teoria da empresa sendo organizada em torno de prédios e das pessoas que os administram. Mas mudanças recentes na tecnologia e na comunicação alteraram isso, o que significa que, agora, até uma empresa privada ou uma burocracia pública pode ser vista como um sistema aberto.

Existem mais restaurantes chineses do que McDonald's nos Estados Unidos. A razão é simples: os restaurantes chineses são uma federação, uma API aberta, em vez de uma instituição controlada centralmente. Se você se inserir na cultura e missão de um restaurante chinês, pode abrir um, e ninguém pode impedi-lo.

Não serei empurrado, arquivado, carimbado,
indexado, informado, interrogado ou numerado!
Minha vida é minha!

NÚMERO SEIS

104. Os Desafios da Jornada (Começando e Parando)

Significado quer dizer mudança, mas a mudança pode parecer arriscada.

Se fomos doutrinados a temê-la, se é como um jogo de azar, a canção da segurança pode se tornar sedutora.

E a mudança não dura. Então, quando a música parar, pode ser que parte do medo das pessoas não tenha uma cadeira... ou talvez tenha. Cada resultado traz seus próprios desafios.

A doutrinação de uma "carreira" é sobre a sedução da estabilidade. É uma progressão passo a passo, com uma cadeira sempre pronta.

E funciona — desde que as grandes empresas continuem crescendo, desde que o trabalho permaneça estável, desde que fazer um pouco melhor do que ontem seja suficiente.

Algumas décadas atrás, as organizações deixaram de cumprir a promessa de carreira. Elas deixaram de honrar o compromisso e a obediência de seus funcionários, saquearam suas aposentadorias e "enxugaram" pessoas aos milhares.

Como resultado, a ilusão de uma carreira foi revelada como uma fraude.

Podemos não gostar do carrossel interminável de empregos que começa e para, mas é o que temos.

Talvez possamos aprender a amá-lo.

105. Pessoas Feridas Ferem Pessoas

A conexão é fácil de ser quebrada. À medida que montamos redes e nos unimos para construir projetos, as pessoas que se juntam a nós estão vindo de algum outro lugar, tendo feito algo diferente.

E todos carregamos os músculos e as cicatrizes que se desenvolvem ao vivermos por mais do que alguns minutos.

Um trabalho significativo envolve tensão, mudança e as transições de começar e terminar. O que fizemos vai mudar o que fazemos. O que fazemos vai mudar quem somos. E o ciclo continua.

O desafio da liderança é ajudar as pessoas a colocarem essa história para trabalhar de maneira positiva.

Há uma piada antiga sobre uma mulher que vai ver um médico. "Você tem que nos ajudar, doutor. Meu marido acha que é um frango." O médico pergunta há quanto tempo isso está acontecendo. Ela diz: "Três meses."

"Por que não vieram me ver antes?"

"Porque precisávamos dos ovos."

Organizações têm usado a vigilância para despersonalizar e escalar suas operações, alegando que precisam dos ovos. E agora estão descobrindo que é um beco sem saída.

Se o custo é a falta de conexão, sem mencionar o drama e a tensão que surgem da falta de coesão, os ovos raramente valem a pena.

Nós ferimos pessoas e não podemos nos surpreender quando elas ferem as outras também.

Todas as pessoas com quem trabalhamos têm histórias, vidas e narrativas. É tão fácil evitar tudo isso e simplesmente construir barreiras. Tão fácil se recusar a reconhecer quem está sentado bem ao nosso lado.

Quando nos dedicamos a um trabalho significativo, essa dor humana inevitavelmente também se faz presente. O desafio é estabelecer limites e padrões para que pessoas compassivas possam realizar o trabalho para o qual vieram fazer.

Viemos aqui para fazer algo juntos.

106. Como Estou Me Saindo?

Nas finais estaduais, os participantes dos cem metros com barreiras sabem exatamente como estão se saindo. Há um cronômetro digital e ele nunca mente.

Mas quando buscamos mudança, quando estamos inventando o futuro, não é fácil de medir, então naturalmente buscamos tranquilidade.

A única resposta desejada para o retórico "Como estou me saindo?" é ÓTIMO!

O que não ajuda muito se você busca melhorar.

Não são falsos indicadores.

Não são ataques pessoais.

Não é uma solução para o que o aflige, ou uma oportunidade para desabafar seus sentimentos.

Apenas um feedback que nos ajude a avançar, por favor.

107. Análise Rápida

O conflito sobre trabalho tem ocorrido desde que o primeiro gerente contratou o primeiro trabalhador.

O chefe quer mais esforço e tempo por menos dinheiro. O trabalhador quer mais dinheiro pelo trabalho árduo.

O industrialista quer tirar o poder do trabalhador. E, ao longo do último século, o industrialista tem continuado a vencer. Os sindicatos perderam poder, os indivíduos são tratados como engrenagens, a vigilância aumentou.

E, é claro, desde Frederick Taylor e a linha de montagem, uma das estratégias mais eficazes tem sido a análise rápida de um trabalho.

Uma forma de tirar poder é dividir cada trabalho em vinte trabalhos e, em seguida, distribuir cada microtrabalho para uma função não comprometida, barata e não humana. Não importa muito se é um botão específico em uma máquina de costura especializada ou um atendente terceirizado de uma central de atendimento atendendo ao telefone em um local distante.

Isso funciona bem, até que não funciona.

Sim, é mais eficiente que quarenta pessoas na linha de produção façam repetidamente uma única tarefa do que uma pessoa fazer quarenta etapas para construir cada parte de um carro.

Mas se você tornar as fatias finas o suficiente, a satisfação no trabalho, a visão, a inovação e até a satisfação do cliente diminuem.

Os pacientes melhoram quando um cuidador está totalmente presente. Os clientes ficam mais satisfeitos quando um vendedor entende o panorama geral. Os doadores ficam mais satisfeitos quando um único ser humano se dedica a eles.

Agora construímos sistemas de inteligência artificial multipropósito que podem assumir muitas das fatias finas que criamos. O valor permanece para os seres humanos quando tornamos as fatias mais espessas, completas e notáveis.

108. A Que Horas a Academia Abre?

São cinco da manhã. Não tenho certeza de qual cidade estou, mas estou acordado e gostaria de malhar antes do meu discurso. Então, disco 0 no telefone do quarto do hotel e pergunto à recepção que horas posso ir malhar.

Descubro que a pessoa que atende não está na recepção. Ela nem sequer está na mesma cidade que eu.

Em vez disso, um roteiro aparece em sua tela e ela lê a resposta.

Essa é uma maneira para uma cadeia de hotéis como o Marriott economizar dinheiro, com certeza. Mas não pode ser um trabalho particularmente gratificante, e imagino que a pessoa que atende ao telefone saiba que a qualquer minuto um sistema computadorizado vai assumir seu trabalho.

Isso também me dá mais um motivo para ficar em um hotel mais barato da próxima vez.

A corrida para baixo é difícil de vencer. E vencê-la raramente leva a resultados positivos.

Diria que, em uma semana, provavelmente faço apenas uns quinze minutos de trabalho real... Minha única motivação é evitar problemas, além do medo de perder meu emprego. Mas você sabe, Bob, isso fará alguém trabalhar apenas o suficiente para não ser demitido.

PETER GIBBONS

109. Trabalho que Vale a Pena

O que dizemos ao profissional que quer trabalhar em casa? Ou ao programador perspicaz que só quer lidar com problemas desafiadores? Ou ao trabalhador da linha de frente que recebe apenas um salário mínimo, mas ainda quer se sentir importante?

Podemos gerenciar as pessoas para obter ganhos de produtividade medindo cliques de teclado e outros indicadores?

Considere que as inscrições em cursos de MBA caíram até 25% nas escolas de negócios mais famosas. Para onde essas pessoas estão indo? Por que um diploma em administração é tão pouco atraente agora?

Precisamos oferecer às pessoas um trabalho que valha a pena fazer. Precisamos encontrar maneiras de criar significado.

Qual é a mudança que buscamos fazer?

Quem sentiria sua falta se você desaparecesse?

O que você faz de especial?

Como suas habilidades e paixões únicas ajudam a melhorar esse trabalho?

Esse trabalho importa?

Você está fazendo escolhas que causam impacto?

Significado é onde confiança elevada encontra altas apostas. Trabalho significativo leva a impacto e mudança.

Há, como na maioria das coisas, um ponto ideal. Quando a confiança oferecida ou as apostas envolvidas são muito baixas, é simplesmente trivial. Mas se estivermos muito expostos, sentindo-nos insuficientes, sem apoio e prontos para fracassar, a confiança e as apostas podem parecer muito altas.

Na linha, mas sem exageros.

110. Uma Lista de Palavras

Quantas vezes por dia usamos essas palavras? Com que frequência elas nos ajudam a priorizar nosso trabalho, escolher um novo projeto, conectar-se a um novo funcionário?

Fomos seduzidos pelas falsas promessas do capitalismo industrial para focar conveniência, produtividade, lucro e conformidade. Talvez valha a pena mudar nosso vocabulário enquanto tentamos reconfigurar nossa cultura para um novo caminho adiante:

Afiliação
Conexão
Criação
Dignidade
Descoberta
Engajamento
Medo
Generosidade
Honestidade
Alegria
Liderança
Aprendizado
Longo prazo
Pessoal
Possibilidade
Resiliência
Resistência
Segurança
Significativo
Status
Tensão
Confiança
Voluntário

Descobrindo o Caminho

Se caminharmos bastante,
em algum momento vamos
chegar a algum lugar.

Dorothy Gale

111. Não Leve um Cronômetro para um Slam de Poesia

Quanto tempo levou para Sarah Kay escrever "B", seu revolucionário poema falado?

Frederick Taylor, o pai da gestão moderna, carregava um cronômetro para onde quer que fosse, porque o cronômetro era tudo o que importava. Se você pode estudar o tempo e estudar o movimento, pode melhorar a produtividade de cada etapa da produção.

O trabalho significativo pode ser cronometrado, e é claro que o tempo importa.

Mas o cronômetro não é o ponto. Estamos aqui para fazer uma mudança acontecer.

112. Quem Decide o Que Vem a Seguir?

Na linha de montagem, a escolha é fácil. A próxima tarefa é aquela que o trabalhador deve assumir. Na central de atendimento, o mesmo acontece. Sua ligação é muito importante para nós, e o próximo operador disponível vai atendê-lo.

Mas o que acontece no restaurante? O único trabalho do garçom é levar a comida da cozinha para a mesa? Ou eles apresentam a canção do significado para criar algo mais do que uma simples entrega robótica de comida sobre duas pernas?

Quando esse profissional se aproxima da mesa, a quem ele vai se dirigir primeiro? Que tensão será criada ou aliviada? Serão criadas expectativas ou memórias?

A diferença entre uma experiência em um bom restaurante e uma experiência em um excelente restaurante tem muito pouco a ver com a comida. A hospitalidade encontra problemas e os transforma em oportunidades — para conexão, para alegria e para criar memórias.

113. Se Tomamos Decisões...

Então reconheçamos que as decisões são muito mais importantes do que as tarefas.

Mostre-me sua agenda para hoje e eu lhe mostrarei o que você valoriza. Se sua equipe passa quase todo o tempo em tarefas com soluções conhecidas, então você provavelmente está no negócio do cronômetro. Encontre as pessoas (ou computadores) mais baratas, rápidas e confiáveis disponíveis e as coloque em sua linha de produção.

Mas se estamos buscando fazer a mudança acontecer, então nosso trabalho é chegar de um ponto a outro. Encontrar um caminho. Identificar a próxima melhor coisa para trabalhar, descrever uma oportunidade e então torná-la realidade.

Se você é um desbravador de caminhos, chame-o assim, organize-se para isso e meça-o.

114. Mudanças de Rumo e Novos Caminhos

A Starbucks costumava vender apenas grãos de café, não bebidas. A Nintendo fabricava cartas de baralho.

Mas por que chamar isso de mudança de rumo? É a questão.

Todas as grandes histórias envolvem mudanças de rumo. Todas as organizações que admiramos estão fazendo algo que não planejavam fazer quando começaram. Elas são desbravadoras de caminhos, não criadoras de desculpas.

Reuniões são um Sintoma

Ações falam mais alto do que reuniões.

Lee Clow

115. Reuniões São um Problema e um Sintoma

Neste ponto de nosso desabafo, muitos gestores devem estar dizendo: "Estamos nos saindo bem na construção de uma organização significativa, dadas as circunstâncias."

Mas vocês não estão sujeitos às circunstâncias. Vocês são as circunstâncias.

É muito fácil invocar o excepcionalismo gerencial. Dizer que algo em sua organização, seu produto, concorrentes ou estrutura corporativa exige que vocês operem de maneira industrial. E que vocês estão fazendo o melhor para se lembrar do aspecto humano, mas há simplesmente forças externas demais em jogo.

Por isso, precisamos considerar suas reuniões.

116. Antes da Era Digital, nos Encontrávamos Pessoalmente

Era algo simples e evolutivamente óbvio. Sem tecnologia envolvida. Uma reunião presencial era a única forma eficiente de transmitir informações e, mesmo após a invenção da escrita, era a única maneira de ter uma interação em tempo real.

As reuniões presenciais agora são como caviar, raras e preciosas. E ainda assim as desperdiçamos.

A comunicação assíncrona muitas vezes se alterna com conversas em tempo real. Cartas e telegramas são mísseis de uma só via, mas telefonemas são conversas. Faxes e mensagens de texto são versões mais rápidas de cartas, e uma chamada no Zoom pode ser uma versão em alta resolução de um telefonema. Conversas e conexões estão em toda parte.

E ainda assim...

A gestão industrial não abraça particularmente as conversas. Conversas são difíceis de controlar e planejar. E para funcionarem bem, elas precisam de um nível de igualdade e conexão que mina a hierarquia de chefes dando instruções.

É por isso que as organizações industriais preferem reuniões. Elas são mais eficientes no que se propõem. Porque as reuniões industriais não envolvem muitas reuniões. Na verdade, são palestras em grupo com alguns momentos para perguntas e respostas.

Antes da era digital, esse tipo de "reunião", ou anúncios, era fácil de justificar. Era uma forma rápida e simples de sincronizar as pessoas. Mais importante, elas eram exercícios culturalmente valiosos de representação de papéis.

O chefe assumia o papel do rei, dizendo às pessoas como as coisas eram, afirmando autoridade e estabelecendo status.

E os funcionários também desempenhavam seu papel, escondendo-se, abaixando a cabeça e fazendo o que lhes era dito. É o primeiro ano escolar de novo.

117. Zoom Desperdiçado

Não precisamos mais atrapalhar nossa agenda ou mudar nosso local para uma reunião. O Zoom é uma tecnologia milagrosa que nos permite ignorar o espaço, se assim escolhermos. Se você quiser conversar com o seu time sobre a ideia de sincronizar os calendários, aqui está ele. E já que estamos nesse tópico, memorandos de vídeo pré-gravados podem efetivamente substituir palestras.

Eles podem ser assistidos novamente, acelerados e transcritos. Grátis, rápido e fácil. Encontre-se com qualquer pessoa, instantaneamente, por três ou dez minutos. Ou envie a elas, onde quer que estejam, parte de uma conversa em vídeo.

E ainda assim...

Em vez de aproveitar o tempo e o espaço para avançar em nossos objetivos mútuos, a estrutura tradicional de gestão industrial pegou o pior dos dois mundos. Pergunte aos seus funcionários (eu diria "time", mas isso ignora o verdadeiro significado da palavra).

As reuniões do Zoom muitas vezes são apenas reuniões no pior sentido. É feita a chamada, alguém faz uma palestra, algumas pessoas fazem perguntas. Exatamente trinta ou sessenta minutos depois, as pessoas são dispensadas.

Na maioria das pesquisas, os funcionários classificam as reuniões intermináveis como a pior parte de trabalhar em casa, e eles não gostam muito delas quando estão no escritório.

A razão é simples: ninguém gosta de ser palestrado, menos ainda em tempo real e com o disfarce de uma conversa.

A dinâmica social de suas reuniões nos diz muito sobre como sua organização funciona.

118. Democracia das Abelhas

As dez mil abelhas na colmeia estão juntas há apenas algumas semanas... e agora elas têm menos de 72 horas para escolher um novo lugar para viver. Como elas podem se organizar em torno de uma decisão tão importante — com tantas opções, centenas de opiniões e sem uma autoridade gerencial para impor sua vontade?

Podemos chamá-la de rainha, mas ela não está realmente no comando.

Thomas Seeley descreve como esse processo funciona. Não são reuniões, é cultura. Podemos aprender três lições que se aplicam às nossas organizações humanas, "não abelhas":

1. As abelhas têm intenção e padrões claros. Pesquisas de Seeley mostraram que as abelhas individuais tendem a ter reações muito semelhantes a possíveis locais para a colmeia — uma abelha não precisa visitar cada uma das centenas de opções para que um ponto de vista consistente evolua.
2. Uma razão para o desconforto e a política no trabalho é que frequentemente falhamos em ser claros uns com os outros sobre o que buscamos alcançar exatamente, pois temos medo de que nossos objetivos não estejam alinhados.
3. Por razões logísticas óbvias, as abelhas evoluíram para depender da comunicação entre pares. Em vez de uma abelha enviar um memorando para todas as outras abelhas, a palavra se espalha horizontalmente.

A falácia do MBA é acreditar que um memorando brilhante apresentado em um PowerPoint é o suficiente para promover mudanças. Mas a cultura vence a estratégia todas as vezes. Em organizações resilientes, a cultura impulsiona a transformação. Em organizações rígidas, ela a inibe.

Se nos importamos com o trabalho, precisaremos focar a cultura.

119. Uma Semana sem Reuniões

Por que a ideia de uma semana inteira sem reuniões é algo digno de nota?

A Zapier é uma empresa de software bem-sucedida com uma equipe distribuída. Como experimento, eles suspenderam todas as reuniões regulares por uma semana. Em vez de check-ins semanais em tempo real 1:1 ou reuniões em grupo, mudaram para relatórios, atualizações e perguntas assíncronas, dando a cada funcionário o tempo e a liberdade para realmente realizar o trabalho.

E o trabalho foi realizado.

Mais de 80% das metas escritas estabelecidas pela equipe para aquela semana foram alcançadas. Aqui está um resumo rápido de um dos líderes:

- Em vez do meu check-in semanal 1:1, eu consolidei as perguntas para a minha gerente e as enviei em uma mensagem direta no Slack.
- Em vez de um check-in de projeto, todos os membros da equipe compartilharam suas atualizações na lista de tarefas relevantes no Asana.
- Em vez de uma ligação estratégica, os interessados compartilharam seus pensamentos (e comentários) em um documento no Coda.
- Em vez de uma ligação de início de projeto, nosso gerente de projetos enviou uma mensagem no Slack que compartilhava a carta do projeto, o cronograma e os próximos passos.

Além disso, houve uma mudança na cultura. Em vez de fazer chamada de presença (você precisa estar em frente ao computador, no horário marcado, para participar de uma reunião em tempo real), eles prestaram atenção às *contribuições*. Em vez de recompensar uma combinação de obediência e brilho, eles amplificaram indivíduos que foram capazes de prestar atenção ao que precisava ser feito e, então, agiram.

Se você fosse uma das muitas pessoas que concluíram aquela semana sem reuniões com uma agenda que você controlava e um resultado do qual se orgulhava, isso seria algo que gostaria de repetir? Você gostaria de fazer parte dessa cultura de confiança e conexão?

A verdade é simples: a cultura das reuniões foi projetada para exercer controle e simular um atalho no difícil caminho para uma conexão real. Mas a maioria das reuniões não é muito boa, porque ninguém nunca se esforçou emocionalmente para construir reuniões em tempo real que produzissem o resultado necessário.

Não há nada de errado com reuniões. Há muito de errado com reuniões preguiçosas, ineficazes ou manipuladoras.

120. Para que Servem as Reuniões?

Quando instruímos as pessoas a reservarem um horário na agenda e se reunirem em tempo real para uma reunião, o que estamos buscando?

Talvez as reuniões sejam uma maneira de reforçar os papéis de status, de lembrar às pessoas que o chefe é o chefe. Que o tempo do chefe é precioso, então todos vocês vão ficar quietos e ouvir, em tempo real, enquanto o chefe apresenta o que quer que esteja pensando.

As reuniões também podem ser uma maneira de esclarecer a hierarquia. Quem senta onde, quem tem permissão para fazer perguntas, quem fica em silêncio. Quem representa a casta dominante ou é mais popular.

E talvez sejam uma performance em tempo real, recompensando o *bon mot* e a réplica rápida, deixando os outros com nada além do *esprit d'escalier*.

Pode ser que as reuniões sejam uma forma de negar responsabilidade posteriormente. E ter feito uma apresentação bem elaborada é uma boa maneira de se livrar do problema.

Se estamos fazendo chamada de presença para garantir que as pessoas em casa estejam realmente trabalhando, e estamos passando nosso tempo estando cara a cara (que expressão apropriada) para confirmar nossa lealdade, então as reuniões podem estar fazendo exatamente o que queremos delas.

121. Uma Reunião Significativa É Diferente

Acontece em tempo real porque só funciona em tempo real.

É uma conversa na qual todos ouvem e falam. Apenas as pessoas que precisam estar lá estão presentes.

Leva a uma decisão, não à entrega de informações.

Cria energia, não a destrói.

122. No Caminho Para um Acordo no Zoom

Se você prometer não verificar os e-mails enquanto conversamos, nós prometemos não desperdiçar seu tempo.

Se concordar em olhar nos meus olhos e tentar absorver a essência do que estou dizendo, concordo em ser conciso, coerente e direto ao ponto.

Se deixar claro quais reuniões são uma perda de tempo para você, podemos realizá-las sem você.

Se puder me incentivar e trazer entusiasmo para a interação, posso me envolver no trabalho e refletir ainda mais energia do que você está contribuindo.

O objetivo de uma reunião não é preencher o horário designado no convite do Google. O objetivo é comunicar uma ideia e as emoções que a acompanham, e descobrir o que está faltando por meio de uma conversa engajada.

Se não conseguirmos fazer isso, vamos evitar a reunião.

Executar multitarefas (especialmente durante as reuniões) não é produtivo, respeitoso ou saudável. Estar presente em tempo real é uma perda, a menos que interajamos.

Reafirmar seu status e controle não vale uma hora do meu dia.

123. O Desafio das Reuniões Modernas

Muito antes da pandemia, meu colega e amigo Al Pittampalli escreveu um best-seller intitulado *Read This Before Our Next Meeting* [sem publicação no Brasil]. Era um manual breve sobre como transformar reuniões que pareciam palestras em conversas produtivas.

Embora tenha vendido muitas cópias, poucas pessoas acabaram adotando as técnicas principais de Al.

O status quo é resistente.

Para que um chefe tenha uma conversa produtiva, ele tem que estar disposto a criar condições suficientemente seguras, aumentar a importância e o significado para que os funcionários se inscrevam e contribuam voluntariamente. Isso significa abrir mão do status a curto prazo.

E para os funcionários participarem, eles têm que estar dispostos a assumir responsabilidade. Precisam se sentir seguros o suficiente para deixar para trás uma sinecura. Precisam confiar o suficiente no processo para se manifestar e assumir a responsabilidade, mesmo quando não têm autoridade.

Uma organização significativa oferece mudança, possibilidade e responsabilidade. Ela cria as condições para que os seres humanos se envolvam sem os papéis tradicionais de dominação da gestão industrial.

E a cultura das reuniões é projetada para minar isso.

Criando uma Organização Significativa

Você não precisa de mais tempo.
Você precisa apenas decidir.

124. Marcos no Caminho para o Significado

Existem alguns princípios fundamentais simples, mas transcendentes, que nos permitem criar o tipo de organização que atrai, amplifica e desafia pessoas que desejam fazer a diferença.

Especificamente:

1. Organizações importantes fazem a mudança acontecer.
2. Os seres humanos não são um recurso.
3. Gerenciamento não é o mesmo que liderança.
4. O comprometimento é mais poderoso do que a coerção.
5. A cultura pode amplificar o comprometimento.
6. Procure impostores úteis.
7. Líderes criam as condições para a cultura.
8. A página 19 abre a porta.
9. É o trabalho, não o trabalhador.
10. Abrace a incerteza.
11. Encontre o benefício da dúvida.
12. Abstenha-se de definições.
13. Evite *proxies* falsos.
14. Padrões rigorosos.
15. Escala não é o ponto principal.
16. Contratar não é namorar.
17. Encontre usos positivos para a tensão.

125. Organizações Importantes Fazem a Mudança Acontecer

A mudança é a essência do trabalho. O industrialismo teme a mudança; organizações significativas a causam.

Nós mudamos o mundo externo, o estado de nossos clientes e também nossos processos internos. Mudamos o que fazemos e como fazemos, e o impacto de nosso trabalho se transforma conforme avançamos.

Não nos desculpamos pela mudança, pois a mudança é o objetivo.

126. Os Seres Humanos Não São um Recurso

Os recursos humanos foram inventados pelas mesmas pessoas que decidiram investir em máquinas, em gestão da cadeia de suprimentos e em estratégias jurídicas.

Os seres humanos não são máquinas a serem manipuladas e maximizadas. Não são um recurso a ser reduzido em termos de custos ou mesmo gerenciado.

Os seres humanos são pessoas.

Eles são nossos colegas. Se criarmos as condições para que encontrem um caminho para o significado, essas condições permitirão que todos nós prosperemos.

127. Gerenciamento Não É o Mesmo que Liderança

Gerenciamento é o árduo trabalho de fazer com que as pessoas que trabalham para você façam o mesmo que fizeram ontem, porém de forma mais rápida e mais barata. Requer autoridade — uma hierarquia que dá ao gerente o poder de insistir.

Liderança é voluntária. Voluntária para realizar e voluntária para seguir. É o trabalho de imaginar algo que ainda não aconteceu e convidar as pessoas a embarcarem na jornada. Sem a adesão voluntária, não é liderança, é apenas gerenciamento.

128. O Comprometimento É Mais Poderoso do que a Coerção

As pessoas mais habilidosas e comprometidas participam voluntariamente. Elas têm opções. Como resultado, gerenciar visando à conformidade por meio da coerção nunca é tão eficaz quanto coordenar o trabalho de indivíduos apaixonados e engajados.

Criar uma cultura intencional que se concentre em encontrar, capacitar e amplificar pessoas engajadas é o trabalho de um líder habilidoso.

129. A Cultura Pode Amplificar o Comprometimento

A cultura pode ser resumida em uma simples frase: "Pessoas como nós fazem as coisas assim." É como funciona por aqui.

É fácil e prático construir uma cultura de gestão e conformidade. É muito mais difícil construir uma cultura baseada em conexão e afiliação.

Existem alguns trabalhos que simplesmente não são feitos sem gestores. Existem trabalhos realizados por pessoas que acreditam ter poucas opções, e essas pessoas precisam ser motivadas a comparecer e fazer coisas que não são intrinsecamente motivadas a fazer.

No entanto, cada vez mais valor está sendo criado de forma diferente. Por pessoas que sabem que têm opções, que estão dedicadas a aprimorar suas habilidades e engajadas em fazer um trabalho que lhes parece significativo.

Podemos criar sistemas, caminhos e uma cultura que atraem e amplificam esse desejo. A cultura supera a estratégia, mas a cultura é mais difícil do que a estratégia. Requer clareza, comprometimento e persistência diária.

No momento em que você opta por um atalho, sacrificando o comprometimento para atender a objetivos de lucro de curto prazo, sua cultura de significado sofre um grande impacto.

130. Procure Impostores Úteis

A síndrome do impostor é real. É o sentimento que temos quando estamos fazendo algo que não podemos provar que vai dar certo, quando não há certeza ou pressupostos embutidos de privilégio e poder.

Mas impostores úteis conseguem realizar o trabalho.

Uma organização significativa faz a mudança acontecer, uma mudança que não é garantida ou óbvia. Quem mais poderia fazer isso além de alguém determinado a ser útil ao mesmo tempo que está confortável em se sentir um impostor?

Uma cultura de significado abraça o impostor generoso e honesto em vez de afastá-lo.

131. Líderes Criam as Condições para a Cultura

Essa é a função. Não gerenciar — o gerenciamento é fácil e barato, um atalho quando você não consegue conquistar o comprometimento.

Sua cultura é mais poderosa do que sua estratégia ou suas táticas. Combine “como as coisas são por aqui” com “pessoas como nós fazem coisas assim”, e de repente sua equipe tem uma alavanca além da imaginação do industrialista.

Quando a cultura abraça o comprometimento, a possibilidade e a mudança, novas oportunidades surgem rapidamente. O trabalho é realizado porque é importante e desejado, não porque um sistema de vigilância insiste nisso.

132. A Página 19 Abre a Porta

O trabalho significativo é frequentemente realizado por equipes, e ninguém conseguiria produzir algo semelhante sozinho.

A mitologia do gênio solitário prejudica nossa capacidade de nos apresentar e contribuir o suficiente para melhorar as coisas.

Trezentas pessoas em quarenta países se juntaram para construir o *The Carbon Almanac*. Desde o início, criamos o Princípio da Página 19 e o utilizamos todos os dias.

A verdade é que, sozinho, ninguém sabia como escrever a página 19 do *The Carbon Almanac*. Ninguém na equipe tinha as qualificações para escrever, editar, verificar fatos e ilustrar completamente uma única página do livro. Mas precisava ser feito, então algumas pessoas contribuíram em uma página e, então, na próxima e na seguinte. Cada página foi aprimorada e polida por mais de uma dúzia de pessoas, trabalhando sem parar, de fuso horário em fuso horário. A metáfora da Página 19 é o antídoto para a paralisia, a sobrecarga e o perfeccionismo. Ela recebe o impostor generoso e o contribuidor entusiasmado. Não se trata de acertar na primeira tentativa. Na verdade, todos reconhecem que é impossível acertar de primeira.

"Aqui, eu fiz isso. Por favor, melhore o que fiz."

Há um processo e podemos confiar nele. Isso deu às pessoas permissão para agir e avançar no objetivo do grupo.

Havia muitas oportunidades para melhorar o trabalho, e regularmente resistíamos à tentação de criticar o trabalhador. A Página 19 é uma postura de possibilidade, não de culpa. "Esta página não está boa o suficiente... AINDA."

A Página 19 amplia a confiança, porque sempre podemos melhorar. Claro, vá em frente e dê o primeiro passo. Qualquer um pode dar o próximo passo para avançar nos objetivos do grupo. Faça a leitura. Mostre o seu trabalho. Reconheça que outra pessoa vai assumir a partir daqui. Camada por camada.

Hoje em dia, quase tudo é construído dessa maneira, não apenas almanaques. Ninguém construiu a Nike, a General Electric ou o Google a partir de um plano singular. Ninguém constrói uma grande organização sozinho.

Anne Marie Cruz, uma das líderes voluntárias do *The Carbon Almanac*, destacou quatro etapas do pensamento da Página 19:

- Simplificar
- Esclarecer
- Fazer triagem
- Decidir

Comece com um problema e torne-o o mais simples possível.

Em seguida, esclareça o objetivo. Este trabalho que você está fazendo, a mudança que você busca — para quem é e para que serve? A maioria dos problemas persistentes é causada pela falta de clareza sobre qual mudança está sendo buscada.

A triagem é o trabalho de descobrir no que trabalhar em seguida. Classifique as demandas recebidas e trabalhe nas partes importantes, difíceis e influentes primeiro. À medida que o essencial é feito, o restante segue naturalmente.

E, finalmente, decida. Decida avançar. Decida focar as partes críticas. Decida concluir o trabalho.

Ele é concluído quando você está sem tempo ou sem dinheiro. Você não precisa de mais tempo, e não precisa de mais dinheiro. Você apenas precisa decidir.

O pensamento da Página 19 trata de estar a serviço, o que torna mais fácil ouvir os outros. É sobre generosidade, não sobre território. Assumir responsabilidade é muito mais difícil do que receber crédito, mas é o caminho a seguir.

O passado acabou, e a postura do pensamento da Página 19 nos dá a chance de melhorar o futuro que está prestes a chegar.

Voltando às abelhas. As abelhas começam o trabalho alguns momentos depois de nascerem. Cada uma é responsável por sua própria contribuição, sua própria célula, seu próprio impacto. Elas fazem pouco a caminho de fazerem bem. Pois, juntas, o trabalho é aprimorado, decisões são tomadas e a colmeia continua.

A canção do crescimento é um exemplo vívido do salto incremental dessa abordagem.

133. É o Trabalho, Não o Trabalhador

Isso não é verdade na escola. E também não é verdade nos esportes ou na política.

Críticas parecem pessoais. A síndrome do "*tall poppy*" é mundial e nos leva a ficar em silêncio. "Eu não me arrisco por ninguém." Afinal, no paradigma da gestão industrial, o mau desempenho é do trabalhador, tornando-o também ruim. É tentador rotular alguém como um fracasso, em vez de sutilmente diferenciar o trabalho da pessoa que o fez.

Em algumas culturas, um mau desempenho é visto como predestinado, resultado de um defeito moral.

Mas nada disso é útil ou verdadeiro.

O desempenho inovador está quase sempre relacionado a eventos aleatórios (bons ou ruins), e as inovações podem sempre ser melhoradas. Contribuintes valiosos não estão sempre certos, estão sempre contribuindo.

Criticar o trabalho com feedback útil e habilidoso torna o trabalho melhor. Por outro lado, ligar-se emocionalmente ao trabalho, considerando-o uma declaração autêntica de desempenho pessoal, dificulta a resposta e a melhoria.

"Se eu não sou bom, por que me preocupar em contribuir?" não poderia ser mais diferente de "Podemos melhorar isso se tivermos entendido o que é necessário..."

134. Abrace a Incerteza

"Eu não sei."

Você não deveria dizer isso em um sistema industrial. Não em uma reunião, não em uma previsão, não para o conselho.

Mas dizer isso com clareza e intenção é poderoso. Cria espaço para que os outros contribuam. Estabelece a necessidade de resiliência em vez de uma garantia. E nos permite seguir em frente sem fingir que estamos certos.

A única afirmação honesta que podemos fazer sobre o futuro é que não temos certeza sobre ele. Se pudermos usar isso como uma ferramenta, teremos mais chances de gerar a mudança que buscamos.

Demagogos se aproveitam da nossa insegurança e nos asseguram que eles têm certeza. É tentador acreditar, mas eles estão tão errados quanto qualquer outra pessoa.

A solução resiliente e profissional é evitar a falsa confiança na certeza e estar aberto às possibilidades da incerteza.

135. Encontre o Benefício da Dúvida

Cory Doctorow escreveu eloquentemente sobre interoperabilidade adversarial. É um sistema aberto o suficiente para que outras organizações e indivíduos possam usá-lo sem permissão.

Você pode colocar qualquer prato na sua lava-louças, conectar qualquer eletrodoméstico na sua tomada. Você não precisa de aprovação da empresa ou da concessionária.

Eu sei que posso contar com a chave de fenda que comprei para funcionar no futuro previsível, porque a usei em inúmeros tipos de parafusos. Se a chave de fenda não funcionar em uma situação, é mais provável que eu a experimente de diferentes maneiras antes de decidir que está com defeito.

Por outro lado, um sistema fechado, que guarda informações e poder, está possivelmente (provavelmente) fazendo algo nos bastidores, algo que não podemos testar e, portanto, não podemos confiar.

Isso parece óbvio, até que vejamos como desmorona quando as organizações insistem em ter muito controle. Você não pode conectar seu próprio software ao Facebook, ou usar facilmente seu próprio toner em uma impressora a laser. O sistema telefônico ficou paralisado até que o governo exigisse que a AT&T nos permitisse usar máquinas de fax, modems e outras ferramentas que não aprovavam.

E a mesma coisa acontece com a forma como a cadeia de suprimentos de chá de ervas funciona em uma grande rede de hotéis. Os garçons sabem que estão sem estoque, mas não têm como interagir com o sistema de reposição, então eles têm que lidar com clientes decepcionados dia após dia. Eles não têm permissão para melhorar as coisas, então não o fazem.

Além das implicações morais de construir sistemas que funcionam com e para as pessoas, também há um incentivo de lucro: quando as pessoas confiam em você, elas lhe dão o benefício da dúvida. Isso significa que quando algo é confuso, misterioso ou simplesmente novo, as pessoas assumem que é algo bom que elas ainda não entendem, e não uma ameaça com a qual devem ter cuidado.

Uma cultura baseada em boa vontade e conexão é mais resiliente, ágil e produtiva do que uma cultura baseada em mistério, egoísmo e poder.

Não seja avarento. Não guarde informações, interoperabilidade, acesso ou amor.

Se você quer liderar, precisará ser confiável. Uma maneira de fazer isso é fazer promessas abertas e consistentes — e depois cumpri-las.

136. Abstenha-se de Definições

Nos momentos liminares, quando buscamos chegar de um lugar a outro, encontraremos o desconhecido. À medida que trabalhamos para inventar um futuro desejado, é inevitável que nem tudo saia conforme o planejado.

O futuro, por sua natureza, não é um lugar limpo e bem iluminado, até que cheguemos lá.

O professor da Técnica Alexander, Tommy Thompson, sugere que, ao nos depararmos com o inesperado ou o desconhecido, abracemos a tensão e retenhamos a tendência de enquadrar a nova situação em algo familiar.

Uma vez que a nomeamos, sabemos precisamente como lidar com ela.

Dar um nome a algo é útil quando estamos certos, mas é um desafio quando estamos errados. Porque o ato de colocar algo na caixa errada nos impede de compreender o que realmente é.

E também pode nos tornar insensíveis à admiração que experimentamos diante de algo que não compreendemos.

Quando a World Wide Web surgiu, no início dos anos 1990, eu disse para minha equipe: “Isso é como a AOL e a Prodigy, exceto que é mais lento e não tem um modelo de negócios.”

Minha visão limitada nos levou a seis meses ignorando a web e me custou alguns bilhões de dólares.

“Eu ainda não tenho certeza do que é isso, então vamos interagir e descobrir.” Esse pensamento abre a porta para o avanço e o encanto, em vez de ficar na insistência para que as coisas voltem ao que eram antes.

137. Evite Proxies Falsos

Medir o que é fácil é fácil.

Podemos medir o tempo por volta de um novo modelo esportivo de carro elétrico ou o número de defeitos na linha de produção. Podemos medir quantos seguidores temos nas redes sociais ou quanto lucro obtivemos na semana passada.

Essa é uma das razões pelas quais é mais fácil treinar alguém para as Olimpíadas do que para ser enfermeiro. Se podemos medir o desempenho com um cronômetro, não há muito espaço para discussão.

Mas essas medições fáceis podem ser uma muleta, e acabamos deixando de falar sobre o que realmente importa.

Olhar para o passado (o que fizemos e como medimos) é um bom ponto de partida, mas nosso trabalho é considerar o futuro, mais confuso, incerto e muito mais mágico.

Qualquer coisa fácil de medir raramente é importante, porque nossa concorrência é melhor em maximizar as medições fáceis do que nós.

E, no entanto, o que é fácil de medir é o que é medido. Carisma pessoal, horas trabalhadas, relação com o chefe e, é claro, erros de pessoas que são destaque em comparação com a crônica falta de esforço extra.

Organizações de alto risco estão desesperadas para medir a produtividade de seus ativos. E se os seres humanos são ativos caros, então medi-los se torna uma prioridade.

Na Bloomberg, me disseram que mediam a quantidade de toques por minuto no teclado, o tempo em frente ao terminal e até mesmo as pausas para ir ao banheiro.

Essas são medidas precisas, mas não úteis.

Se o trabalho da organização envolve inovação, conexão ou a criação de mudanças, apenas os seres humanos farão esse trabalho. Tratá-los como ativos mensuráveis é uma armadilha.

A alternativa é medir a saúde e o resultado da própria cultura. Responsabilizar os líderes pela adesão, comprometimento e qualidade do trabalho que gera impacto.

138. Padrões Rigorosos

Uma organização significativa faz a mudança acontecer. Há tensão sempre que a mudança ocorre. O conforto não é o ponto nem o objetivo.

Não é confortável nadar em um canal na Groenlândia, não é confortável cuidar de uma colmeia de abelhas, e certamente não é confortável alimentar e vestir uma criança pequena. Mas os seres humanos fazem isso o tempo todo, sem remuneração e sem um chefe, porque podem. Porque é significativo.

A adesão à jornada inclui concordar voluntariamente com os padrões que importam. Não aceitar bullying, desrespeito ou a exibição leviana de status. Em vez disso, reconhecer os princípios de uma organização significativa e abraçar as estruturas que permitem que a mudança aconteça.

O trabalho não precisa ser autêntico, vulnerável ou até mesmo pessoal.

Ele apenas precisa importar.

139. Escala Não É o Ponto Principal

Na era industrial, a matemática da escala é bastante convincente. Mais máquinas e mais vendas se traduzem diretamente em mais lucros, o que lhe dá a capacidade de comprar mais máquinas e gerar mais vendas.

Mas se uma organização significativa é construída com base na comunidade e na inovação, adicionar mais funcionários não o torna mais eficaz. Na verdade, pode ter o efeito oposto. Quando o Facebook ou a Amazon demitem dez mil pessoas de uma vez, fica claro que algum CFO está tratando as pessoas como um recurso, não como seres humanos.

A internet abre as portas para uma escala massiva quando uma ideia é construída para se espalhar. O WhatsApp tinha apenas dezenove funcionários quando foi vendido por mais de um bilhão de dólares.

Ser maior não é o objetivo, ser melhor, sim.

140. Contratar Não é Namorar

Nós passamos mais tempo no trabalho do que com nossas famílias. Então não é surpreendente que quando as pessoas têm a chance de entrevistar e contratar colegas de trabalho, elas procuram por pessoas de que gostam.

Isso inclui selecionar pessoas com históricos semelhantes e até mesmo aparências semelhantes.

Isso torna o processo de contratação ineficiente, ineficaz, demorado e uma barreira para a possibilidade e mobilidade.

Acabamos contratando pessoas que são boas em entrevistas, em vez de aquelas que seriam adições úteis à equipe. Mais uma vez, a internet é um agente de mudança aqui. A internet torna fácil ver muito mais pessoas e aprender sobre o que elas contribuíram no passado. De repente, os projetos que essa pessoa criou é mais interessante do que um currículo, e uma amostra de trabalho é mais eficaz do que uma breve conversa cara a cara.

Quase todos os sistemas em que confiamos para contratar e ser contratados são baseados no antigo modelo de contratação, como um processo de namoro. Usamos falsos indicadores em nossas buscas por palavras-chave em currículos, confundindo uma formação em universidade de elite, por exemplo, como um indicador útil de desempenho no trabalho.

Então perdemos nossa chance de encontrar comprometimento com os métodos e a jornada e simplesmente usamos dinheiro ou benefícios como um indicador. É assim que acabamos com pessoas que estão apenas fazendo o trabalho, gerentes que tratam os funcionários como recursos e as dinâmicas industriais que se prestam à conformidade e à vigilância.

À medida que os mandatos se tornam mais curtos, o treinamento específico de uma área se torna mais rápido e o trabalho digital diminui a importância da atratividade pessoal e do carisma, temos a chance de repensar todo o processo de seleção e integração.

Em vez de contratar com base no desempenho nas habilidades de entrevista, talvez possamos pagar às pessoas para fazer um projeto conosco. A melhor maneira de ver como alguém trabalha é trabalhar com ele.

Em resumo, temos um problema típico de *Moneyball*. No livro de Michael Lewis sobre o milagre da equipe de beisebol do Oakland A's, ele descreve o sistema de recrutamento de séculos usado na Major League Baseball. Os olheiros procuravam jogadores que correspondessem às suas expectativas sobre como jogadores bons pareciam e agiam. Como esse perfil era raro, jogadores assim eram caros.

O gerente do A's descobriu que uma única estatística negligenciada era a única métrica que realmente previa um certo tipo de sucesso. Ao obrigar seus olheiros (que resistiram) a se concentrarem em encontrar esses jogadores, Billy Beane construiu uma equipe de classe mundial com um orçamento limitado. Mas mesmo depois do sucesso da equipe, os olheiros de outras equipes persistiram em contratar da maneira antiga.

Se vamos contratar engrenagens obedientes com atributos tradicionais específicos, vamos sacrificar diversidade, paixão e trabalho em equipe. Vamos manter papéis de castas, limitar a mobilidade e prejudicar nosso trabalho também.

Chefes mentem quando tentam contratar. Funcionários se vingam mentindo quando respondem. Chefes fingem que têm um ambiente fascinante e humano que valoriza a individualidade, enquanto selecionam pessoas que demonstraram que esse não é seu objetivo. E os funcionários engolem o orgulho quando precisam de um emprego, porque é isso que foram treinados para fazer.

A alternativa é um conjunto de compromissos mútuos, juntamente com projetos de teste, para ver o que realmente está sendo oferecido.

Um passo importante para a frente é encontrar um caminho para a confiança mútua. Sejamos sinceros ou não joguemos.

141. Encontre Usos Positivos Para a Tensão

À medida que estão prestes a abrir o envelope, o auditório fica em silêncio. Todos querem saber quem é o vencedor.

A tensão nos concentra e assim esperamos ansiosamente pela resolução.

Se você tiver a sorte de visitar o Climate Museum em Nova York, a interação final será a oportunidade de enviar um cartão-postal ao seu congressista.

Enfrentar a realidade da mudança climática cria tensão. Uma espécie de temor negativo sobre o que está acontecendo, junto com um sentimento de apreensão.

Quase toda discussão honesta sobre o clima leva a esse tipo de impotência.

"O que devemos fazer agora?"

Essa é a pergunta que fazemos sempre que nos deparamos com a possibilidade, positiva ou negativa.

"Por favor, alivie a tensão para que possamos voltar ao que estávamos fazendo."

O que estávamos fazendo era ficar ociosos, passando o tempo. O que estávamos fazendo era o mínimo necessário, cumprindo nossas tarefas e desperdiçando mais um dia.

A tensão muda isso. A importância cria mudança, e a mudança é uma dança com a tensão.

Aliviar a tensão cedo demais, oferecendo a alguém um cartão-postal para enviar, contando a piada antes da hora, resolvendo o mistério... é um desperdício.

A tensão é boa. A tensão pode ser o ponto principal. Você não pode andar em uma corda bamba a menos que ela esteja tensa.

A melhor parte de uma piada de "toc-toc" é a pausa depois que alguém diz "Quem é?".

CRIANDO UMA ORGANIZAÇÃO SIGNIFICATIVA E ENTÃO COMEÇAMOS

As abelhas não esperam.

Elas não esperam serem instruídas, não esperam pela perfeição e não esperam até mais tarde.

E nós também não precisamos esperar. Hoje deve ser considerado algo valioso e a urgência do momento nos apresenta a oportunidade de melhorar.

O significado é o processo incremental generoso de possibilidades. A menor mudança útil produzida para a menor audiência viável.

De novo e de novo, com humanidade.

A Vassoura

Eu lhe trago o presente
destas quatro palavras:
eu acredito em você.

Blaise Pascal

142. Gestão vs. Liderança

Os gestores procuram evitar defeitos. Trabalham para melhorar a produtividade. Eles medem conforme os padrões, então fazem o melhor trabalho quando descobrem como remover desempenhos abaixo do esperado e eliminar obstáculos que retardam a produção.

Medíocre, em escala.

Os líderes, por outro lado, buscam algo melhor. Algo previamente indefinido, não construído, inexplorado. Eles estão em busca de Mozart, não de música ambiente.

Qualquer dia, a cultura em que vivemos pode exigir ambos. Mas, a menos que notemos a diferença, é bem provável que simplesmente voltemos para a narrativa dominante e conveniente da gestão.

Há uma atração estranha na brutalidade do industrialismo. Ele cria riqueza e celebra a engenharia, a consistência e a satisfação das necessidades e desejos dos consumidores.

O industrialismo pode alcançar seus objetivos diretos e facilmente mensuráveis, mas tem dificuldade em criar beleza. A beleza muitas vezes está no mistério da conexão e da criação humana, e a beleza pode ser o próprio propósito.

Podemos abraçar o industrialismo pelo que ele pode nos oferecer, mas não aceitar que seja o propósito dos nossos dias. Quando usamos os recursos significativos que nos oferece para criar as condições certas para o crescimento, a conexão e a humanidade, é possível fazer a mágica acontecer.

A mágica da humanidade.

143. Talvez a Estrada de Tijolos Amarelos Seja o Propósito

Dorothy usava os sapatos o tempo todo. O Espantalho, o Homem de Lata e o Leão Covarde já tinham tudo de que precisavam para encontrar a felicidade. E o Mágico realmente não precisava de uma vassoura. Então, por que se preocupar em embarcar nessa jornada perigosa?

A busca pela vassoura era um MacGuffin, é claro, um elemento ilógico que impulsionava a história adiante. Ilógico, mas *O Mágico de Oz*, oitenta anos depois, continua sendo um dos filmes mais lembrados e amados já feitos.

Os lucros corporativos não estão no centro da jornada de Dorothy em *O Mágico de Oz*. Nem o ganho egoísta.

O filme ressoa conosco porque trata de conexão e possibilidade. Ele captura nosso desejo de fazer parte de algo maior do que nós mesmos, de ajudar os outros quando, talvez, não haja muito para nós nisso.

144. O Encanto do Enxame

Um dia, você pode estar no lugar certo, no momento certo. Em um campo, no final da primavera, cercado pela canção do crescimento. Jacqueline Freeman descreve a magia de ficar encantado pelo caos de dez mil abelhas movendo-se de uma casa em busca de outra. Organizadas sem um coordenador, enxameando em direções aparentemente aleatórias, voando cada vez mais rápido, mas nunca colidindo, as abelhas estão saltando com propósito e foco.

Nunca entenderemos completamente como é ser uma abelha, apenas algumas semanas de vida, parte de uma colônia que está seguindo seu destino em direção à possibilidade. Mas todos nós entendemos a lição que elas oferecem aos humanos.

Nosso papel não é apenas se encaixar, imitar ou obedecer. Nosso trabalho não é seguir instruções precisas. O zumbido coordenado e o movimento da colmeia são uma mensagem para cada um de nós, uma história vívida sobre acordar de uma letargia induzida pela cultura para voltar ao que realmente importa. Não apenas recuperar a ação da nossa humanidade, mas abrir a porta para que outros também a encontrem.

Obrigado por criar oportunidades de contribuir, crescer e se conectar.

Continue liderando: isso importa.

Significado não é o que obtemos...
É o que fazemos pelos outros.

Agradecimentos

"Obrigado" e "Desculpe". Em nossa cultura, essas palavras têm muitos significados. Podemos agradecer a alguém que não sabia que estávamos com uma dívida ou pedido ajuda. Simplesmente porque eles abriram uma porta, iluminaram o caminho ou apareceram quando ninguém pediu. E podemos pedir desculpas mesmo se não causamos diretamente nenhum dano. Porque ajuda a ver e ser visto. A reconhecer.

Agradeço aos líderes, escritores e contribuintes que vieram antes, que estabeleceram a base que nos permite produzir algo de valor. Agradeço às pessoas que fizeram um esforço extra para me dar o benefício da dúvida e que foram pacientes com meus erros, que muitas vezes (mas nem sempre) foram bem intencionados.

E peço desculpas às inúmeras vítimas de discriminação com base em raça, gênero, casta ou posição social. Pessoas que mereciam algo melhor. Pessoas que tiveram suas terras roubadas, suas vidas interrompidas e seu trabalho desrespeitado. Peço desculpas às pessoas que não receberam o acesso que mereciam e àqueles que foram doutrinados e manipulados a acreditar que tinham pouco a oferecer.

Não há uma maneira fácil de resolver essas questões, mas podemos começar reconhecendo-as e nos esforçando para melhorar as coisas.

Agora vivemos em um mundo com 8 bilhões de pessoas, e cada uma delas (pelo menos todas as pessoas que conheci) já fez algo original, criativo, importante e generoso. Pelo menos uma vez, e muitas vezes mais. Essa fonte de possibilidades distribuída e descentralizada é um caminho para todos nós seguirmos adiante.

Chip Richards me apresentou à Canção do Crescimento e isso me levou a Jacqueline Freeman e seu extraordinário livro. Anne Marie Cruz, Louise Karch, Eva Forde e o TCN me ajudaram a desenvolver o pensamento da Página 19. Thomas Seeley, o maior especialista em explicar abelhas. Dan Fitzgerald e Alex Carr me incentivaram a embarcar nessa jornada, e a memória da Frankie está no centro disso. Ela iluminou o caminho para tantas pessoas. Obrigado, Frankie, você faz falta. ♥

Aprendi inúmeras lições com as jornadas de liderança de Mo, Alex e Helene.

Agradeço a Bernadette Jiwa e a Brian & Amy Koppelman, que sabem como enxergar e são incansáveis em seu apoio. E a Steve Pressfield, Margo Aaron, Lori Sullivan, Kristin Hatcher, Ramon Ray, Neil Pasricha, Barrett Brooks, Avaleen Morris, Kevin Kelly, Nazanin Ash, William Rosenzweig, Tobi Lütke, Fiona McKean, Danielle Butin, Hon. Neil Ross, Harley Finkelstein, Lindsey Taub, Carla Vernon, Rich Roll, Carey Nieuwhof, Maurice Mitchell, Shoshana Zuboff, Tim Ferriss, Abby Falik, Michael Lopp, Debbie Millman, Cory Doctorow, Krista Tippett, Jacqueline Novogratz, Ben Zander, Jodi & Fred, Mahan Khalsa, Marie Forleo e Matt Mullenweg por insights e contribuições incríveis. Agradeço a Michelle Kydd Lee por sua coragem, compaixão e por copilotar, e a Gina Murphy-Darling, Rebecca Schwartz, Ryan Schleicher, Aaron Schleicher, Lisa Gansky (sempre), Stuart Krichevsky, Rose Marcario, Zohara Rothenberg, John Acker, Pam Dorman, Carrie Ellen Phillips, Rodger Beyer, Jonathan e Audrey (Sackner) Bernstein, Drew Dusabout, Adrian Zackheim e Jodi Sagorin Spangler.

Agradeço a Susan Piver, Steph Corker, Danny Meyer, Ari Weinzweig e Douglas Cardinal.

Conheci Ray Anderson através do excelente filme de Nathan Havey, *Beyond Zero*. E agradeço a Michel Porro, Jennifer Meyers Chua, Tania Marien, Anna Cosentino, Tonya Downing, Manon Doran, Paige NeJame, Linda Westenberg, Fannie Theofanidou, Richie Biluan, Jasper Croone, Paul McGowan, Steve Wexler,

Andrea Morris, Felice Della Gatta, Vivek Srinivasan, Anna Kohler Smith e outras 1.900 almas generosas que ajudaram a lançar e amplificar o *The Carbon Almanac*. Agradeço a Sam Miller, Marie Schacht, Willie Jackson, Mel Butcher, Wes Kao, Alex Peck, Grayden Shand, Ishita Gupta, Frasier Larock, Carla Lisio, Alan Kuras, Anne Shepherd, Alex DiPalma, Kenya Denise, Dona Abramson, Jeff Kempler, Al Pittampalli, Kelli Wood e tantos outros que se juntaram a mim nesta jornada. Agradeço a Tom Peters, Liz Gilbert e o *dosa*, e Justin Brice, por iluminar o caminho antes que fosse tarde demais. Agradeço a Pema Chödron, Roz Zander, Simon Sinek, David Curhan, Apollonia Poilane, Liz Jackson, Christina Tosi, Rohan Rajiv, Elly Markson, Ann Marie Scichili, Will Guidara e Stanley Tucci, que não está bravo comigo. Agradeço a Zig Ziglar por muitas coisas e pela história dos pássaros em formação. A Joanne, Leon, Mara e Max, obrigado por viverem isso. E obrigado a Niki. É claro.

Aprendi mais com os 40 mil graduados da Akimbo (e seus colegas altMBA) do que eles aprenderam comigo. E os coaches e líderes que se juntaram a mim no esforço global para ajudar as pessoas a evoluírem são, cada um, contribuintes para um sistema de possibilidade e conexão.

Agradeço às pessoas generosas que leem meu blog, compartilhando suas experiências e perguntas comigo todos os dias. Grande parte do trabalho deste livro foi antecipado em minhas postagens online, e eu não poderia fazê-lo sem vocês.

Dedicado a Sarah Cassidy.

Eu não sou um número.

JOHN DRAKE

Apêndice

Uma Enciclopédia de Habilidades Reais

O fato de não haver uma taxonomia aceita de habilidades reais demonstra quão pouco esforço as organizações, tanto grandes quanto pequenas, têm feito para encontrar, melhorar e desenvolver habilidades reais em suas equipes.

Neste primeiro rascunho, escolhi cinco categorias principais e, em seguida, dei exemplos de cada uma. Não é uma taxonomia definitiva, mas um começo, uma forma de avançar a conversa e o investimento.

As cinco categorias podem incluir:

AUTOCONTROLE — Uma vez que decidiu que algo é importante, você é capaz de persistir em fazê-lo, sem deixar distrações ou maus hábitos atrapalharem? *Fazer a longo prazo o que você pode não sentir vontade de fazer a curto prazo.*

PRODUTIVIDADE — Você é habilidoso com seu instrumento? É capaz de usar seus insights e seu compromisso para realmente fazer as coisas avançarem? *Concluir tarefas não vocacionais.*

SABEDORIA — Você aprendeu coisas que são difíceis de extrair de um livro didático ou de um manual? *A experiência é como nos tornamos adultos.*

PERCEPÇÃO — Você tem a experiência e a prática para enxergar o mundo claramente? *Ver antes que outros precisem apontar.*

INFLUÊNCIA — Você desenvolveu as habilidades necessárias para persuadir os outros a agirem? *O carisma é apenas uma das formas dessa habilidade.*

AUTOCONTROLE

Adaptabilidade às mudanças de requisitos
Agilidade diante de obstáculos inesperados
Prontidão e habilidade para começar e parar rapidamente
Autenticidade e comportamento consistente
Recuperação após um fracasso
Capacidade de coaching e o desejo de treinar os outros
Mentalidade colaborativa
Compaixão pelos necessitados
Competitividade
Consciência em cumprir promessas
Paixão pelo atendimento ao cliente
Desejo de aprender com críticas
Inteligência emocional
Resistência para se manter por um longo período
Ética, mesmo quando não está sob escrutínio
Etiqueta
Flexibilidade
Amabilidade
Honestidade
Viver em equilíbrio
Gerenciar conversas difíceis
Motivação para enfrentar novos desafios
Paixão
Postura para avançar
Propósito
Espírito rápido

Resiliência
Disposição para correr riscos
Autoconsciência
Autoconfiança
Senso de humor
Priorização do pensamento estratégico em relação a jogos de curto prazo
Gestão do estresse
Tolerância a mudança e incerteza

PRODUTIVIDADE

Atenção aos detalhes
Habilidades de gestão de crises
Tomada de decisão com efetividade
Delegação para produtividade
Diligência e atenção aos detalhes
Pensamento empreendedor e coragem
Facilitação de discussões
Habilidades de definição de metas
Técnicas inovadoras de resolução de problemas
Pensamento lateral
Técnicas simples
Habilidades de escuta
Gerenciamento de superiores
Organização de reuniões
Planejamento de projetos
Resolução de problemas
Habilidades de pesquisa
Domínio tecnológico
Gestão do tempo
Resolução de problemas técnicos

SABEDORIA

Senso artístico e bom gosto
Instinto de resolução de conflitos

Criatividade diante dos desafios
Pensamento crítico em vez de mera conformidade
Lidar com pessoas difíceis
Diplomacia em situações difíceis
Empatia com clientes, colegas de trabalho e fornecedores
Competência intercultural
Mentoria
Habilidades sociais
Supervisão com confiança

PERCEPÇÃO

Design thinking
Instinto fashion
Julgar pessoas e situações
Mapeamento
Pensamento estratégico

INFLUÊNCIA

Capacidade de fornecer críticas claras e úteis
Assertividade em prol de ideias importantes
Linguagem corporal (leitura e comunicação)
Carisma e habilidade para influenciar outras pessoas
Clareza na linguagem e na visão
Habilidades de resolução de conflitos
Dar feedback sem egoísmo
Influência
Inspirar os outros
Habilidades interpessoais
Liderança
Habilidades de negociação
Networking
Persuasão
Habilidades de apresentação
Oratória
Reenquadramento

Habilidades de vendas
Contar histórias
Gestão de talentos
Construção de equipes
Escrita para impacto

É possível ensinar essas habilidades reais? É possível focá-las, contratar com base nelas e recompensar o crescimento? Podemos implementar programas e insights que levem ao progresso em todas essas áreas?

Se o fizermos, isso faria diferença? Uma organização que se destacasse nessas habilidades reais seria mais produtiva, mais lucrativa e um lugar melhor para se trabalhar?

O que estamos esperando?

Conforme o enxame se dirige para seu novo lar, ele se move rápida e diretamente. Dezenas de milhares de abelhas voam em uníssono para um lugar onde nunca estiveram.
Mas, olhando mais de perto, podemos ver o que parece ser caos. Nenhuma abelha permanece na frente — as abelhas mais rápidas voam de um lado para o outro, conduzindo as outras enquanto protegem a colônia e a rainha no centro.
Não há colisões, não há becos sem saída. As abelhas são consistentes, diretas e eficientes em seu trabalho, organizadas sem um coordenador. Cada abelha contribui, cantando a música que veio cantar, a música que precisa ser cantada.

LIDERE JUNTO

Índice

A

B

C

I

K

L

M

O

U

V

Este livro foi impresso nas oficinas gráficas da Editora Vozes Ltda.,
Rua Frei Luís, 100 – Petrópolis, RJ.